的智慧

孔令刚 主编

王光辉

金玉 编著

处世金言

CHUSHI JINYAN

全国百佳图书出版单位

时代出版传媒股份有限公司

安徽人民出版社

图书在版编目(CIP)数据

处世金言/孔令刚主编　王光辉,金玉编著.—合肥:安徽人民出版社,2014.4

ISBN 978 - 7 - 212 - 07232 - 2

Ⅰ.①处…　Ⅱ.①孔…②王…③金…　Ⅲ.①人生哲学—通俗读物

Ⅳ.①B821 - 49

中国版本图书馆 CIP 数据核字(2014)第 057370 号

处世金言

孔令刚　主编

王光辉　金　玉　编著

出 版 人:胡正义　　　　　　　责任印制:董　亮

责任编辑:李稚戎　　　　　　　装帧设计:宋文岚

出版发行:时代出版传媒股份有限公司 http://www.press-mart.com

　　　　　安徽人民出版社 http://www.ahpeople.com

　　　　　合肥市政务文化新区翡翠路 1118 号出版传媒广场八楼

　　　　　邮编:230071

　　　　　营销部电话:0551-63533258　0551-63533292(传真)

制　　版:合肥市中旭制版有限责任公司

印　　刷:合肥芳翔印务有限公司

　　　　　(如发现印装质量问题,影响阅读,请与印刷厂商联系调换)

开本:787×1092　1/16　　　印张:12.75　　　字数:250 千

版次:2014 年 6 月第 1 版　2015 年 7 月第 3 次印刷

标准书号:ISBN 978 - 7 - 212 - 07232 - 2　　　定价:23.00 元

总　序

　　"金言"最早来自于佛教,信佛的人称佛的教言为金言。我们这里金言与格言类似,有珍贵言语之意。所以,"金言"是言简意赅的睿智语句。

　　"审视一串别人的足迹,践履一条自己的人生路。"商道即人道,人道即天道。徽商仁义敦厚、勤勉好学、志向远大、知恩图报、恪尽职守,充满人文情怀,追求商道人生中的大道大义。对于徽商精神的深入发掘,也是对中国传统人文精神的形象化展示。我们试图用"金言"的形式,分别从交友、治家、经商、修身、处世等5个主要方面撷取徽商的睿智语句,在弘扬徽商精神的同时,以期为人们尤其现代商人提供借鉴,汲取人生智慧。

　　徽商的概念不仅仅包括古徽州经商的人,同时还应该包括徽籍商人所经营的商业,也就是说"徽商"是指古徽州从商的人以及由他们创造的、以商业为主导的徽州地域特色经济和商人文化。地理环境为徽州人走出徽州,走上商旅提供了便利的条件;徽州人也凭借自己的聪明才智把握住了这个机会,创造出了属于他们的辉煌。绚丽精深、领域宽广、体系丰富的徽文化培育了徽商以自强不息、尽职尽责、崇尚节俭、勤劳忍耐、诚实守信、尊重知识、尊重人才、和睦邻里、济贫救灾为特征的传统美德。经过60多年的研究,对徽商的定义、徽商的起源、徽商的经营特点、徽商成功的影响因素、徽商衰败的原因、徽商对社会和历史的影响等方面的研究成果已经相当丰富。要想从单个角度入手,继续深度地挖掘已经很困难了。在这个金言系列中,我们也没有打算给读者提供规范和严谨的学术研究线索,只是希望通过鲜活的案例、画龙点睛的感悟,给读者朋友提供丰富阅读视野的素材,提供观察世界的窗口和体察人生的思路。

　　徽州人有修家谱的习惯。对于那些违反纲常的不肖子孙,要在家谱、宗谱、族谱中除名,不予登记造册,不让他认祖归宗,让他成为孤魂野鬼。就这一条规矩,就足以让全体族人遵纪守法、尊师重教、积极进取,最后功成名就,流芳千古,也使整个家族繁衍生息,永避祸端。明清时期,徽州名臣学者辈出,仅仅5个小县城的进士就有2018人,而在歙县一地,明、清就有43人列入诗林、文苑,出现过"连科三殿撰,十里四翰林"、父子同为"尚书"、兄弟两个一起为"丞相"的逸事,造就了诗书礼仪之风,培育了竞相怒放的徽学之花,给后人留下了异彩纷呈的人文景观和历史景观。

对联是我国文学艺术百花园中的一朵奇葩。徽州几乎所有古民居中都有诗文联匾,尤其是楹联更为必备。这些诗文联匾不仅书法精妙绝伦,而且内容丰富、寓意深刻,包括做人的准则、读书的道理、治家的诀窍、创业的方略、经商的招数,使这些短小精练的名联佳对,变成了帮促世人"修身、齐家、治国、平天下"的如珠妙语和劝世良言,寄寓着主人的精神追求及对人生的体味和对后代的期盼。徽商奉行"货真、价实、热诚、守信"的为商之德,对商品要求货真价实,对顾客和商业伙伴热诚守信,"戒欺"、"真不二价"、"少时不欺客、畅时不抬价"等警句楹联,不仅屡屡出现在古徽州民居的门匾上,更贯穿于徽商的经营活动全过程。楹联从一个侧面真实地反映了徽商的风貌与精神传承,以特殊的形式承载着徽州的文化和历史。今天,这份瑰丽的文化遗产,尚待进一步发掘整理。在本丛书中,一些重要的诗文联匾也被我们辑录并推荐给读者。

徽商的商业实践,推动了众多商书的出现。明代后期出现了不少商书,如《一统路程图记》、《天下水陆路程》、《新安原版·士商类要》、《天下路程图引》、《客商一览醒迷》、《新刻士商要览——天下水陆行程图》等。这些商书不仅介绍了全国数百条(重点在长江流域)交通路线、水陆途程,而且还详载各条路线沿途食宿条件、物产行情、社会治安、船轿价格等。有的商书还专门介绍了从商经验,告诫商人在投牙、找主、定价、过秤、发货、付款、索债、讼诉等过程中应予注意的各个环节,总结了商人应该遵循的商业道德。商书的出现不仅有利于商业的发展,同时也为商业文化增添了新的内容。

徽州人闯荡商海,历经多少艰辛与磨难,体现了不甘于贫困、追求发展、勇于冒险闯荡、开拓进取、相互协作的精神,铸就了坚忍不拔、吃苦耐劳、百折不挠的顽强意志以及回报社会的良好品格。徽商在经商过程中留下了大量的懿行嘉言,大都通俗易懂,有事有理、即浅即深,包括许多为人处世、应事接物、经商策略等基本道理,激励他人和后辈改过从善,奋发向上,在今天也有很好的参考和借鉴价值。

我们试图从纷繁丰富的典籍、文书、诗文联匾、族谱家训等原著以及浩如烟海的著作、论文之中搜集、撷取徽商言论的精华,将其分门别类并按一定的逻辑顺序呈现出来。本丛书第一辑按内容分类,共5册,包括《治家金言》、《经商金言》、《修身金言》、《处世金言》、《交友金言》。每类又大体按照经典原文、译注、感悟和相关故事链接以及延伸阅读等5个部分的体例编排。可能会有少许条目交叉，但编写者会从不同的角度予以解读。因为徽商的做人、处世以及交往、经商等实际上是儒家"修身、齐家、治国、平天下"的践行过程。

70多年前，哲学家怀特海在哈佛商学院的一次演讲中说："伟大的社会是商人对自己的功能评价极高的社会。"《财富》杂志的创办人亨利·卢斯将这种使命感推向极致，他认为商业即是"社会的核心"，商业行为保证了对自由市场的严格要求，从而确认了自由社会的基础。现代国际经济社会发展更进一步证明了社会财富的增长绝非仅靠积累，而是通过广泛交换、刺激生产和消费、不断创造而来的。所以对民富国强的社会发展来说，商业发达是其坚实的基础。

我们辑录这些"金言"的过程也是接受徽商文化熏陶和洗礼的过程。徽商身上所表现出的"徽骆驼精神"是民族顽强的原始生命力和勇于开拓创新精神的一个生动体现。"徽骆驼"的精髓，是"自强不息，厚德载物"。徽商长期经营活动中积累和沉淀下来的"进取、创新、合作、诚信"的人文精神，勇于开拓、坚忍不拔的创业意志，同心协力、相辅相成的团队观念，诚信重诺、依律从商的契约意识，重义轻利、贾而好儒的人文品格，是徽文化精神的核心与动力，是徽文化的精华。"徽骆驼精神"也正是我们今天要提倡并需要发扬的自强不息、吃苦耐劳、积极进取、拼搏创新的优良品德。

真正的商人，必是有志向、有毅力、有能力、有修养者。在他们身上，彰显着敢作敢为、能作能为的魄力胆识，这应该成为我们民族精神中积极和闪亮的部分。我们社会需要的是心志专一、敬业乐群、俭约朴实、信义为尚，勇于挑战命运，竭力实现自我，同时回报大众的出类拔萃之辈。我们不能苛求徽商，因为我们不能苛求历史。今天我们研究徽商，要赋予徽商精神新的时代内容，容纳新的时代精神。创造一个守契约、讲诚信的法治环境，创造一个提倡创新、注重独立性的人文环境，才是我们今天的当务之急。这样的环境才真正有利于现代商业的发展，也有利于一切正当事业的发展；同样，今天我们培育积极、健全的商人精神，重建社会道德，也需要从最基础的工作做起，从最生动地展现中国人的精神面貌和真实人性的亲情、人伦、诚信、敬业、乐群等入手，找到社会秩序重建的正途。

本丛书编写过程中，参考了大量关于徽商、徽文化研究等方面前辈老师及同行学者的研究成果，由于容量有限，我们没有将这些文献列示出来。这些文献为我们的写作点亮了前进的航标灯。对此，我们向这些前辈老师及同行学者表示诚挚的谢意！更希望前辈老师、同行学者和读者朋友对书中的不足给予指正批评!

　　本丛书编撰,安徽人民出版社的各位领导从选题策划、内容确定、编撰形式到最后定稿都给予了细致的指导;编辑老师专业严谨,精心编校,使本丛书得以顺利出版发行。对此,我们表示衷心的感谢!

孔令刚

2014 年 6 月

前　言

　　古代有句话叫作"无尖不成商"，可到了后来却变成了"无奸不成商"，或者"无商不奸"。其实"尖"来源于古代用来度量的斗，古代的米商做生意，除了要将斗装满之外，还要再多舀上一些，让斗里的米冒尖儿。由此可见，"无尖不成商"一方面是对商人资格的要求；另一方面是反映人们对商人宽阔胸襟和敦厚品行的普遍共识，而徽商的主流不仅在经营方面如此，为人处世更是如此。长期以来，社会一直对商业和商人有偏见和成见，认为所有的商人都是贪财和狡诈的。其实，徽商的事迹和言论完全可以颠覆社会的这种偏见。

　　徽商受儒家思想影响之深之巨，为其他商帮所不可比拟，徽商的儒家情结是徽商区别于其他商帮的典型特征。徽商关于为人处世之道的言论可以看作是对儒家思想亲身践履后的体认和感悟。在徽商的精神世界里，始终有一种坚韧的信念支撑着他们，他们不仅足迹踏遍全国，而且精神游走在现实和理想之间。关于人生处世之道，历代先贤哲人都发表过许多睿智的言论。古人云："知之非艰，行之惟艰。"（高谈阔论容易，身体力行艰难）主流徽商宽阔的胸怀和敦厚的品质不只是体现在他们经商活动中，更体现在他们寻常生活中的为人处世上。他们的待人接物、为学励志、人生价值、社会理想、政治抱负、志趣操守等，无不印证了儒家思想在他们心目中的核心地位。徽商的成功故事和徽商的深刻言论都表明，他们是儒家思想与社会实际成功结合的一个典范。

　　南宋朱熹所开创的理学，是儒家思想的新形态，在近800年的历史时期内，一直是中国正统的官方意识形态，具有不可动摇的权威地位。徽商受儒家思想熏陶渊源由此开始，由于程朱理学在徽州一带广泛传播，而且二程和朱熹的祖籍均在徽州，从南宋开始，在徽州就逐渐形成了程朱理学的一个派别——新安理学。从宋明时期，徽州就出现了一个由徽籍学者组成的儒者群体，朱熹本人也被奉为"徽国宗主"。朱熹所创的理学长期支配着徽州的思想文化领域和社会生活，使得徽州不仅是"程朱阙里"，而且是名副其实的"东南邹鲁"。徽商受朱熹理学的长期熏习和影响，形成了独特的价值观念，"贾而好儒"、"亦商亦儒"，从他们的文化观、宗族观、人才观、道德观、义利观、职业观、管理观、经营观中充分反映出来。

徽商的内心世界、徽商的经历遭际以及徽商的所作所为、所思所悟，都从一个特殊的视角反映了中国古代社会经济、政治、文化和人文状况。同时，徽商作为古代中国特殊的社会群体，具有难能可贵的积极进取、吃苦耐劳、社会责任感以及远见和智慧、毅力和勇气、灵活和敏锐、诚信和宽厚等诸多可贵的精神品质。这个社会群体，由于其所生长的环境特殊（从新安走向各地），所以比其他社会群体都更有机会接受儒家思想的熏陶，更有机会也更需要将他们对于儒家思想的信仰付诸社会生活中。

本书主要选择明清时期徽商具有启发和借鉴意义的智慧言论，略加注译和阐释，并配以相关的故事链接和延伸阅读，以扩大视野、加深理解。希望读者朋友借此领略徽商丰富的精神世界的同时，能够汲取有益的精神养分以充实自我身心。

目　录

一、急公好义,乐善好施

二、勤勉好学,积极进取

三、忍辱负重，自强不息

四、重义轻利,重德轻财

五、严于律己，真诚待人

一、急公好义，乐善好施

【原文】

官以恤民，而忍毙贫民命乎！

【译注】

以：做，从事。　恤民：忧虑人民的疾苦。　毙：杀死。

为政做官应该处处体恤老百姓，怎么能够忍心逼迫他们交税，这不是活活要他们的命吗？

休宁徽商汪大浚，通过经商致富，后在山西盐衙当一个小官。当时上司命他向贫户追逼所欠3000多两税课银，汪大浚在调查中十分同情贫户们的困苦，发如上感叹，并毅然"举家所积蓄尽以代偿"（用自己经商的全部积蓄为贫户抵所欠税课）。其上司也为之感动。后来回乡，他只要自己有点积余，就想法接济乡亲，临终还拿出乡邻的几十张欠条，一烧了之。

辑自《休宁县志》卷6《人物·笃行》。

【感悟】

为富多做仁义事。乐善好施、扶危济困是中华民族的传统美德，也是中国传统文化的精髓要义。人世间多一些行善就会多一些爱，就会使人们在生活中感受美好与温暖。即使是物质生活比较富足的今天，人们也越来越感受到善良是生命的黄金，是处世的法宝，是为人的本色。因此，拥有财富的人更应该也更有条件做到行善做好事，扶贫济困助弱者，使自己的善举成为渡人的小舟，成为弱者挡风的围墙。

【故事链接】

歙县罗福履为人贤达豪爽，在江苏如皋经商，素以义为重。清乾隆四十九年（1784年），江北大旱，他即向官府提出"工振之策"，将生产与救济相结合。在蒙批准后，他便亲自办理、督促工赈之事，救活了数千饥民。嘉庆十九年（1814年），遇大旱，他以平价出售所蓄小麦，并捐出两万余金。因这种义举，多年以后,如皋仍在传颂罗福履的美德。

【延伸阅读】

佘公桥,又名新桥,明嘉靖十五年(1536年)里人佘文义独资建造,比文峰宝塔早建8年,文峰塔、佘公桥、长坦山、凤山台被后人喻为笔、墨、纸、砚。佘公桥毁于1969年7月5日特大洪水。据许承尧《歙事闲谭》卷14《佘公桥》载:"佘文义,字邦直,岩寺人。晚种梅以自娱,因号梅庄。少贫,操奇赢,辛勤起家,性不好华靡,布衣游名卿大贾间,泊如也。置义田、义屋、义塾、义冢,以赡族济贫,所费万缗。又捐四千金,造石桥于岩镇水口以利行人,人谓之佘公桥。年逾八十,行义不衰。桥今尚存。见《岩寺镇志草》。"

【原文】

> 与其异时裂券,孰若不纳券之为愈乎!

【译注】

异时:以后;他时。 裂:撕毁。 孰若:怎么比得上,表示反诘语气。 孰:谁。 若:比。 纳:接受。 券:古代的契据,常分为两半,双方各执其一。 愈:较好,胜过。

与其到时候撕毁借据,还不如现在不立借据更好啊!

黄应宣,歙州竦塘人。一次,一同乡急需用钱,上门请求接济,并出具借据,黄应宣很高兴地拿出钱来交给那人,但坚持不立借据。那人疑惑不解,黄应宣作如上回答。

辑自歙县《竦塘黄氏宗谱》卷5。

【感悟】

一个成功的企业家也应该是一个大度的慈善家。道家老子说过:"圣人执左契而不责于人。有德司契,无德司彻。"意思是说,圣人拿着借据却从不会向欠债的人索债。有德行的人手执借据，从不逼索，施德不求回报，得理能让人；没有德行的人手执借据，严厉刻薄地追讨债务。企业家不但要会赚钱，会经营企业，更需要有社会责任感，有崇高的道德追求，以高尚的人格示人。

【故事链接】

清代汪拱乾在致富后依然克勤克俭，并且还常常告诫几个儿子不得铺张浪费、不得追求奢华，但是对外人却是不同的态度。比如有人来借钱，他总是别人借多少就给多少，让其满意而去。汪拱乾总是借给别人钱，也不急着找人家要债，因此日积月累，本钱利息加在一起就高得吓人。

债务高了，欠债的人可能就有无法偿还的难处。一天，几个儿子私下商量说："当年陶朱公范蠡经商致富，但他却做到能够聚财又能散财，没有招致别人怨恨，因此直到今天人们对他依然交口称赞。现在父亲聚敛这么多钱，却不知散财，恐怕即使借给别人钱、帮了人家忙，反而还会遭人嫉恨。"

话传到汪拱乾耳朵里，于是他召集儿子，对他们说："其实我早就有散财的念头了，只是担心你们不理解我，不愿照我的话去做罢了，因此一直藏在心里没有说出来。现在你们说出来了，正合我心意，真不愧是我的儿子啊！"说完，汪拱乾就从箱子里把几千张债券字据全部拿了出来，然后把那些欠债人都召集来，当着他们的面焚烧干净。众人简直不敢相信自己的眼睛，当即都匍匐拜倒在地，个个口里称颂"活菩萨"。汪家的义名从此远扬，普遍得到人们的尊敬。而他的几个儿子也个个争气，都能独自经营，富裕家财一直延传至子孙后代。后来大江南北开当铺的或是经营木业、布业的，汪姓最多，而其中大部分人都是汪拱乾的后代。

【延伸阅读】

明代休宁许竹斋经商，积聚很多财物，能够周济别人，非分之财从不苟取。见到有人生活有困难，总是想着帮忙。明代歙县许邻溪专门赈济穷人，对于来向他借钱的人，从不说自己没有钱，也从不问对方什么时候偿还。有的徽商乐施不倦，以致到了破产的地步也毫无悔色。明代婺源李廷玑，"凡盐户有欠货者，怜其贫而毁其券，故感恩之家皆祀之。于是贾渐落，罄囊东归矣"。"焚券"之义举在徽商中十分流行。明代歙县许明大"挟资游吴、楚、燕、赵间"，民间缺衣少食的人，纷纷向他借钱，许明大奉行义大于利的原则，每每慷慨相助。遇到饥荒之年，欠钱的人甚至争相要把自己的子女给他作为回报，这时候许明大说："我怎么能够因为一点点钱就割人之爱呢？"于是就把债券取出，当众焚烧，以此表明自己不会再索要那些债款。

处世金言

【原文】

积粟以备歉,赢老无事,藉以济人。

【译注】

歉:收成不好。　赢老:衰老。　藉:凭借。　以:用来去做什么。

多储存一些粮食以防遇上收成不好的年份,这样即使将来自己年老体衰也无饥饿之忧,还可以用来接济他人。

这是徽商吴光岳劝导两个儿子的话。吴光岳早年跟从父兄经商,奔走于淮海之间。吴光岳善于经营,同时也"喜敦诗书,好儒术"。吴光岳夫妻两人几十年里孝敬老人,相敬如宾,克勤克俭,生活简朴,珍惜每一粒粮食,舍不得添置新衣。"饭惟脱粟,浣衣经数载不易",但是他人遇到困难需要救济之时却总是能够倾囊相助,"独急人之难,倾橐不厌",深得邻里的信赖。

辑自《丰南志》第 5 册《明处士称兄汝钟吴公暨配孺人鲍氏状》。

【感悟】

有社会责任感的商人让人敬重,凭良心挣来的财富才更有意义。靠拼搏创造了财富,是令人美慕的。然而,在拥有财富之后,不忘责任,回报社会,取于民而用于民,更令人尊敬。财富积累到一定程度,应当发挥它的社会效应,使社会效应大于其经济效应。通过奉献社会,帮助其他群体,财富得以转移到最急需的人手中,让社会总体福利增值,从而促进社会的和谐发展。

【故事链接】

明代有一徽商在江苏溧水经商,低息借贷便民,从不居中敲剥。嘉靖二十二年(1543 年)谷贱伤民,他平价囤积;次年灾荒,谷价踊贵,他售谷仍"价如往年平",深得百姓信佩。无独有偶,休宁商人刘淮在嘉湖一带购囤粮谷,一年大灾,有人劝他"乘时获得"，他却说："能让百姓度过灾荒，才是大利"。于是，他将囤聚之粮减价售出，还设粥棚"以食饥民"，赢得了一方百姓的赞誉和信任，生意自然也日渐兴隆。

【延伸阅读】

据统计，从1671年（清康熙十年）起至1911年（清宣统三年）止，以徽商为主体的两淮盐商共捐银386多万两、钱4.6万串、谷近23万石，用于赈济扬郡各属、周边地区和全国一些省份的水旱灾荒，其数额是巨大的。这对于拯救灾民、安定社会秩序，无疑是起到了一定的作用。

【原文】

> 饶裕名不易当，即不若散以市义，使义名归我。

【译注】

饶裕：富裕。　市义：博得道义的名声。　散：散发。

富人真不容易当，还不如散尽千金获取人心，博得道义的名声。

徽商汪太学认为，仅仅拥有财富是不够的，好的名声比财富更为重要，当年的卓王孙虽然富足，拥有众多的奴仆，整日享受耕种射猎的乐趣，过着国君帝王一般的日子，却被一个小小的临邛县令为难，这说明富足还是有所不足。有鉴于此，汪太学作如上感言。

辑自《休宁西门汪氏宗谱》卷6《太学可训公传》。

【感悟】

为富要仁。富有不代表尊贵和完美，获取财富之后应该正确对待财富本身。只有胸怀仁义之心，"予民以惠"，才能够既树立良好的商人形象，树立一

块无价的金字招牌,又继续保持生意的 兴旺。

【故事链接】

　　1908 年,吉田忠雄出生在日本富山县黑部市,少时贫穷,做过多种微贱工作,到而立之年才与人合办了一个专营拉链的"三 S"公司。

　　吉田虽然没读过多少书,却很有经营思想。据他归纳,这是一种被称为"善的循环"的经营思想。吉田认为,做生意,赚钱固然重要,但是如果你不为他人着想,自身也就不可能受益。吉田实践了他的这种主张。首先,对待消费者,他除了在质量和服务上让他们满意外,还千方百计在价格上为他们着想。1950年,每米 YKK 拉链售价为 106.5 日元,到 1980 年,在物价、工资及其他费用都上涨的情况下,YKK 拉链每米的价格却下降至不足 70 日元。其次,对待员工,吉田也以红利相赠,他鼓励员工购买公司股票,每股可得 18% 的股息。员工退休,可得年退休金 330 万日元。其三,对待其他拉链制造厂家,吉田也诱之以利,让他们作自己的代理商比制造商更有利。正是这种"善的循环",使吉田登上了"拉链大王"的宝座。

　　后来当记者问吉田忠雄:"贵公司的拉链占全世界总产量的 35%,每年生产的拉链可以在地球与月亮之间接上 4 个来回,你们是如何取得这样辉煌的成功的?"吉田回答道:"这是我信奉'利天下者,方能利己'哲学的结果。"看见记者不解的神情,吉田解释说:"我一贯主张办企业必须赚钱,多多益善。但是利润不可独吞,我总是将利润分成三部分,三分之一以质量较好的产品及低廉的价格给大众消费者,三分之一交给销售我们公司产品的经销商及代理商,三分之一用在自己的工厂"。"不为别人的利益着想,就不会有自己的繁荣。""如果我们撒播善的种子,予人以善,那么,善还会循环归给我们,善在我们之间不停地循环运转,使大家都得到善的实惠。"

【延伸阅读】

　　徽商积极响应官府的倡议,热衷于对灾荒的捐助和赈济。徽商捐资报效社会,表面上看起来是损失了不少银子,但朝廷往往会对他们援例授官。这就使他们的社会地位得以提高,也为其经商提供了政治屏障。明朝中叶,徽商已成为全国商界的一支劲旅。至清朝,徽州商帮更是跃为全国十大商帮之首,前后保持数百年不衰。

【原文】

缘阿堵而我爵，非初心也。

【译注】

缘：因为。　阿堵(ē dǔ)：这，这个，引申意为"钱"。　初心：本意。

因为捐献钱财赈灾做善事，官府就授予我官职，这不符合我的初衷。

明嘉靖庚寅九年(1530年)，秦地发生旱蝗之灾，"边陲饥馑，流离载道"。正在榆林经商的歙县盐商黄长寿"输粟五百石助赈，副都御史萧公奏闻，赐爵四品，授绥德卫指挥金事"。黄长寿却坚辞不受，说自己只做了一点善事，官府就授予官职，这并非自己的初衷。

辑自歙县《潭渡黄氏族谱》卷9《望云翁传》。

【感悟】

徽商对儒学者有剪不断的情结，他们在从事商务活动中自觉或不自觉地以儒家思想来指导。儒家思想对从商有直接指导意义的主要有两点：其一是以"仁"为本的思想。孔夫子的"仁者爱人"、孟子的"人性善"，可以说是儒家伦理中的核心概念，是对个人德行的最高要求。把"仁"、"善"的要领贯彻到经商实践中，就必须坚持方法与手段的合理性与合德性，使经商能达到"至善"的目的。其二是义大于利的思想。在处理义和利关系时，儒家提出"见义不为，无勇也"，"礼以行义，义以生利，利以平民，政之大节"，把义和利看作既对立又统一的整体。

【故事链接】

明正德年间，休宁汪平山在安庆、桐城一带经营粮食生意，有一年，江南大荒，粮价暴涨。其时，汪平山蓄有大批稻谷，如果按时价抛出，可多获利几倍，但汪平山不但没有借机哄抬市价,反把平日囤积的大批稻谷低价出售,"悉贷诸。贫,不责其息",帮助众人渡过粮荒难关。

【延伸阅读】

　　《世说新语·规箴》中记述:西晋名臣王衍(字夷甫)为人清高,从不说及"钱"字。妻子想试试他,把铜钱串起来绕床一周摆放。王衍醒来,无法下床,便大声呼叫婢女:"快拿开阿堵物!""阿堵物"本意即"这个东西"。但由于故事,"阿堵物"从此成了"钱"的别名,并且带有轻蔑的意味。旧时人们还以"口不言钱"作为成语,形容清高廉洁,不讲钱财。清朝人田兰芳在《皇清太学生信庵袁公墓志铭》中写道:"世重阿堵而君亲不急,世贱诗书而君拾渷汁。"

【原文】

　　赢则不贷,贷则不赢,重以岁凶,索之何益? 冯醻侠客,犹能归德孟尝,公等休矣,吾不遑椎牛。

【译注】

　　重:加重,增加。　岁凶:凶年,荒年。　冯醻侠客,犹能归德孟尝:孟尝君的食客冯谖(xuān)为巩固孟尝君的政治地位而进行的种种政治外交活动(焚券市义,谋复相位,在薛建立宗庙)。醻(lèi):将酒倒在地上,表示祭奠或立誓。　不遑:没有时间,来不及。　椎牛:即椎牛歃血,古时聚众盟誓,杀牛取其血含于口中或以血涂嘴唇,表示诚意。

　　债户们如果能够经商盈利的话就不会借贷,既然已经借贷了正说明人家还没有盈利,又赶上今年是荒年,一味地向人家索要借贷有什么好处呢? 当年孟尝君的食客冯谖醻酒立誓以示诚意,主动承担为孟尝君去薛地收债的任务,他到薛地后以焚券市义的方式,为孟尝君争取到了民心。我也想效仿孟尝君,请你们就不要做上门逼迫债户的事情了,只是我现在来不及椎牛歃血以表诚意。

　　这是徽商黄彦修主张效法古代孟尝君的食客冯谖的做法免除

债户债务的见解。

　　辑自歙县《谭渡黄氏族谱》卷9《故国子生黄彦修墓志铭》。

【感悟】

　　金钱好赚，信誉难买。古人说"吃亏是福"，或者说"吃亏就是占便宜"，是有丰富的文化内涵的。有时候，吃的亏是明显的、表面的，但占的便宜却是无形的、长远的，因为吃亏的同时，威信和名誉也树立了起来。

【故事链接】

　　明崇祯庚辰年（1640年）歙县粮商吴午庆运了上千石麦子到云间，恰逢其地大饥荒，由于青黄不接，当地百姓个个面黄肌瘦、鸠形鹄面，饥民成群结队，沿途觅食行乞。"民饥势不能待旦夕"，情势危急。吴午庆见此灾情，立即将船上的麦子一人一斗全部分发给灾民，救济了苦难中的灾民。在清顺治庚寅年（1650年），他贩米到毗陵，又恰遇这里遭水灾，他又立即拿出粮食，设粥厂救济逃难的饥民。当时，地方的富人对赈灾不是很热心，看见吴午庆救灾的场面，一些富人也被感动了，都说："吴公只是行商路过此地，尚且能不忍坐视灾民之困，我们这些人和受灾的乡亲同为桑梓，家里也还有点积累，如果不出来救救灾，岂不太惭愧了！"于是富人们也积极尽力捐赈救济灾民，使当地的灾情得到了较大的缓解。

【延伸阅读】

　　《战国策》中记载了"冯谖焚券"的故事。有一年，孟尝君的领地薛闹了饥荒，没有人愿去代收租税。食客冯谖毛遂自荐，愿意为孟尝君效劳。他来到了薛，立即以孟尝君的名义召见当地百姓，宣布一切债务作废，并把债券当场烧毁，老百姓纷纷欢呼"万岁"。冯谖回来以后，就对孟尝君说，孟府"宫中积珍宝，狗马实外厩，美人充下陈"，什么都不缺了，唯一缺的就只有一样——义。他这次给孟尝君买来了"义"。孟尝君听了之后非常生气，但也没什么办法。

　　后来，齐国换了新的君主，因为听信谗言，把孟尝君的宰相之职撤了，并贬他到薛为侯。孟尝君上任时，未至百里，老百姓纷纷扶老携幼前来迎接，欢呼之声不绝于耳。这时，孟尝君才恍然大悟，如果没有冯谖当初买回来的"义"，自己哪会如此受到百姓的拥戴！

【原文】

因岁以为利,如之何遏籴以壑邻!

【译注】

如之何:怎么,为什么。　遏籴:禁止购买谷米。　以壑邻:以邻为壑,拿邻国当作大水坑,把本国的洪水排泄到那里去。比喻只图自己一方的利益,把困难或祸害转嫁给别人。

饥荒之年卖掉粮食获取一点小利已经足够了,为什么要趁灾牟利呢?这无异于以邻为壑,幸灾乐祸!

辑自《太函集》卷62《明故处士新塘吴君墓表》。

【感悟】

儒家提倡的"义大于利"、"义以为上"的义利观,完全超出了金钱至上、唯利是图的价值观,成为中国儒商独特的价值论。"义大于利"、"义以为上"是一个内涵极为丰富的命题,既包括行为准则上的"见利思义"、"取之有义",也包括价值判断上的"先义后利"和"以义克利",它为现代儒商提供了正确的价值取向,具有重要的现实意义。那种认为"作为商人就要谋求更大的利润"的观点是十分有害的,如果只图眼前利益而不择手段,大量制造、倾销低次甚至伪劣产品,把自己很响的牌子砸了,无异于杀鸡取卵、害人害己。

【故事链接】

处士吴田在家辛勤种地,根据时节考察作物生长情况安排农事活动,视一年的收成情况,在粮食价格低贱时买进粮食。这样,经过长期的积累,吴田聚集了很多粮食,不外出经商也能够自给。有一年遇到灾荒,吴田把自己聚集的粮食拿出来,全部卖给同里的人。有人说,效仿古代的豪强大户宣曲任氏,趁天灾人祸之机敛财,发家致富,这是明智之举。吴田笑着说:"饥荒之年卖掉粮食获取一点小利已经足够了,为什么要趁灾牟利呢?这是以邻为壑,幸灾乐祸,苍天百姓都不会同意的。"于是打开粮仓把粮食全部平价卖给人们。

【延伸阅读】

　　徽商往往甘当廉贾,求正当的商业利润,决不乘人之危。大多数徽商在经营中一般都能坚持薄利的原则。明代南京城内有典铺500余家,主要由闽商和徽商经营。闽典利息高达三分四分,而徽典取利仅一、二、三分,自然"人情最不喜福建"。程锁在溧水经商,这里惯例是春天贷款下户,秋天倍收利息。但程锁贷款只取一分之利。某年丰收谷贱,程锁仍按往年价格收贮。翌年大灾谷贵,而他"出谷市诸下户,价如往年平"(《太函集》卷61),树立起良贾的形象。

【原文】

> 丈夫志功名为国家作梁栋材,否亦宜效毫末用,宁郁郁侪偶中相征逐以终老耶!

【译注】

　　毫末:毫毛的末端。比喻极其细微。　　郁郁:忧伤、沉闷的样子。　　侪偶(chái ǒu):同辈;同类的人。　　征逐:特指不务正业,唯在吃、喝、玩、乐上的往来。

　　大丈夫应当志向远大,追求功成名就,成为社会和国家的栋梁之才,即使在时运不顺的情况下也应当想方设法为社会和国家尽绵薄之力,岂能怨天尤人、不务正业,与那些游手好闲的人一起吃吃喝喝终此一生!

　　江登云,清康乾时期歙县人,16岁随兄外出经商,大获成功,但却并不满足于此,一心想要成为国家栋梁之材,并经常对人作如上感言。后来,他终于弃贾业、入武庠,"连第进士,膺殿廷选,侍直禁卫",官至南赣都督。

　　辑自《济阳江氏族谱》卷9《清覃恩累晋武功大夫袁临时将署南赣总兵官登云公原传》。

【感悟】

现实社会中,到处都是商机,这就需要心怀理想和追求,能够用一颗明亮的眼睛去发现机会,用实际行动去把握机会。没有了理想,就会困惑迷惘、浑浑噩噩;没有了追求,就会甘于平庸,甚至沉溺于声色财气中。有了理想,就有了实现自身价值的途径;有了追求,就有了付出的勇气、行动的力量和成功的希望。

【故事链接】

阮弼,字良臣,号长公,明嘉靖至万历年间歙县人,出身于一个破落地主家庭。破落的原因就在于他的父亲具有儒侠精神,急公好义,乐善好施,凡乡间经济上告急告穷者,向他家借钱或要他家作担保,其父热心周济乡邻、"孳孳务振人急",乐此不疲。谁知借债人大多不能够归还,本来富裕的阮家因此家道败落,还落了个"其仁足愚"的名声。

阮弼自幼入学,智商极高,也很勤奋,"日记数千言"。与他同师、后来中第担任户部尚书的鲍某曾惴惴不安地自叹弗如。但家道的破败,使阮家难以支付入学的费用,阮弼含泪辍学,转而学医。学医难以拿到行医执照,阮弼就请求父亲说:"乡亲们大多出外经商,不少都致富了。我们家目前还欠了几百两银子的债,为何我们甘受贫困却不去经商?再这样下去,我们还有什么指望呢?请父亲筹备些经商资本,我要去闯出一番事业来!"阮父点头赞成,借了一笔钱给阮弼作资本,指望他重振家业。阮弼带着行李、雨具北行,经绩溪,越新岭关,过旌德,到泾县,走青弋江水路抵达芜湖。阮弼怀着远大的志向,带着全家的寄托和希望,开始了创业历程,并最终取得巨大成功。

【延伸阅读】

鲍志道,字诚一,号肯园,歙县人,清朝大盐商。他经营盐业富裕以后,拿出大量钱财来建立书院、学堂,资助贫困学子读书。当时歙县有一座建于明朝正德年间的紫阳山坳(又称山间书院),经过200多年的风风雨雨,将要倒塌,徽商们为此发起修建紫阳书院的倡议。鲍志道积极响应,当即捐赠白银3000两。书院建成以后,命名为"古紫阳书院"。为了维护管理,鲍志道又捐赠白银8000两,成立书院基金,并出面将这8000两银子按每月一分利的利率贷给两淮的盐商,这样每年又可以获得利息960两白银,鲍志道就是采取这种增值方式源源不断地长期供给书院管理所需的正常开支费用。鲍志道不仅热心家乡书院建设,还在经营地扬州等地还出资修建了十二门义学(也称"义塾",旧时靠官款、地方公款或地租设立的蒙学),专供贫家子弟读书。

【原文】

当籍富民，某虽非富，愿输金以为富者先。

【译注】

籍(jí)：古代各种捐税的统称。　某：自称，代替"我"或名字。
输：交出，缴纳。

这本来应当按田亩的多少来缴纳，让富人分担费用，我虽然不算富人，也愿意带头缴纳捐款。

许世积生性乐善好施，方圆几十里的地方凡是遇到修路、建亭之事，他都慷慨捐赠，从不吝惜钱财。明万历元年（1573年），徽州府筹建万年桥，原先打算按人口摊派费用，召见许世积问计，许世积作如上回答。

辑自《许文穆公集》卷13《世积公行状》。

【感悟】

明智的创业者把钱看成是寄存在身边的东西，能果断而有效地使用金钱，让金钱回归社会，既承担起自己的社会责任，又为自己赢得良好的口碑，可谓一举两得。

【故事链接】

少年许世积勤奋好学，其父许玉宗却要求他弃学经商。父命难违，许世积只好去苏州学做生意。当时，族人许珀也正好在苏州游学，处境艰难。许世积邀其同吃同住，并按月资助他的生活费用，终助其荣登甲第，官至湖广参政（现存的"薇省坊"即为许珀而立）。有一年，苏州闹饥荒，有合伙人唆使经营米业的许世积囤积居奇以发横财。许世积不为所动，照样以常价出售大米，并平息了米市。此义举为苏州百姓所称道。在家乡，族人中有不肖之子背着父亲把田地卖给了许世积，其父得知后，就把这个情况告诉了许世积，许世积分文不要，就把地契还给了他。无奈,这家实在太穷了,没过多久,这位父亲又亲自出面要把田地卖给许世积。许世积又按当初的价格买下这些田地,并连地契也没有向他要。没想到,不久之后,这家人竟然以地契为凭,诬告许世积霸占了他的田地。官府知道许世积的为人,打算调查此事。许世积却制止了,并把田地悉数归还。正当此事闹得沸沸扬扬的时候,许世积的夫人得知诬告她丈夫的那家人已经没米下锅了,于是她就背着丈夫给那家的妇人送去几斗精米。许世积得知此事后,就假装埋怨道:"你怎么可以帮助诬告我的人"。夫人回答道:"是她丈夫不好,与他妻子又有什么关系?"许世积笑道:"你真是我的夫人啊!"

【延伸阅读】

汪应庚,清代扬州以"义行"闻名的盐商,一生"富而好礼,笃于宗亲"。

1731 年(雍正九年),淮南海啸成灾,汪应庚煮粥于淮南伍佑、卞仓两盐场,救济灾民,前后共约 3 个月。此后,连续 3 年扬州水患,汪应庚都出钱出谷救济百姓。1738 年(乾隆三年),扬州府旱灾,扬州盐商共同商议,捐银 12.7166 万两,其中汪应庚一人独捐 4.731 万两,设立 8 个粥厂赈济灾民,前后达 4 个月之久。1742 年(乾隆七年),扬州府闹水灾,汪应庚又捐银 6 万两救济灾民。汪应庚慷慨解囊的美名传到朝廷,乾隆尊呼他是"大勋卿",赐予光禄寺少卿的荣誉。

除了救灾,捐资助学也是汪应庚投身慈善事业的经常性项目。乾隆三年,他出巨资重修年久破败的江都、甘泉学宫,又出资 2000 余两白银为学宫购置祭祀乐器,还另外出资购置 1500 亩沃田捐作学田,以年租充作学宫岁修开支和生员乡试的路资。此举被称为"汪项",传为美谈。大明寺、平山堂,还有蜀冈之上万松岭,均由汪应庚捐资修建。至今尚能见到汪应庚亲笔题写的"淮东第一观"、"天下第五泉"字迹。

【原文】

> 造物之厚人也,使贵者治贱,贤者教愚,富者赡贫,不然则私其所厚而自绝于天,天必夺之。

【译注】

　　造物：旧时以为万物是天造的，故称天为"造物"。　厚：优待，推崇。　治：管理。　赡：周济，帮助。　私：贪爱，求多。　厚：财富。　自绝于天：自取灭亡。

　　上天对人是仁厚的，把尊贵、贤良和富有赐予一些福分大的人，让尊贵的人治理低贱的人，让贤良的人教化愚鲁的人，让富有的人周济贫穷的人，如果谁不能遵从天意，一心要贪天之功，把上天赐予的福分据为己有从而自绝于天，那么上天最终一定会把那个人的福分收回去的。

　　绩溪章灿然早年聪颖，有远志，18岁时，因父亲去世，他弃儒承父业学贾。章灿然为人慷慨好义，这是他的人生感言。

　　辑自绩溪《西关章氏族谱》卷26《例授儒林郎候选布政司理问绩溪章君策墓志铭》。

【感悟】

　　商家与顾客的关系既互惠互利又相互依存，二者缺一不可。不善于经商的人，只知道贪图近利，而不懂得广结善缘。只有能够做到对人诚恳，认真负责，多结善缘，得到更多人的帮助，才能大大增加成功的机会。

【故事链接】

　　明末，桐城有一个张老员外，心存慈善，喜欢施舍。有一年，遇到荒收，米价上涨，一些狡猾奸诈的商人看到这个情形，反而把米粮存积起来，不肯出售，于是，老百姓们没米吃，就起了大恐慌。官府向朝廷报告了灾情，却一直没有得到朝廷的回复和拨粮。

　　张老员外看了这个情形，很是忧急。于是，他就把家里的存米半价出售，为的是让百姓们有饭吃。大家听了这个消息，当然是快乐得不得了。但是，张老员外又想到一般贫苦的人没有钱买米，仍然在挨饿，于是他又办了一个施粥厂，受施的人隔天领餐券。统计了人数，煮着大量的粥，按照餐券发送，一日三餐，每餐白粥一大碗、咸菜一小碟。许多人空着肚子来，吃得饱饱地回去，大家都称颂张老员外是个活菩萨。而员外却谦虚地说："荒年米价比较贵，半价出售是为了怕奸商乘机赚钱，害得大家没有饭吃。至于施粥的费用也不多，只要大家都有饭吃，我就觉得很安慰了。"

　　张老员外不断地将米半价出售，又持续地施粥给穷人，家里的钱也渐渐用完了，但是，荒收的现象不可能马上平复，而做善事当然不能半途中止。老员外心里十分焦急，他想，我这时候如果把救济的事停了，一般贫民就会有饿死的可能，那我当初的救济不就等于白费了吗？救人必须救到底，现在我还有一部分家产，我应该把这些产业变卖了，继续救济乡里才是！想定了主意，张老员外就去和夫人商量，他的夫人也是十分贤德之人，听了他的话，非常赞成，并且说："积存产业给子孙，如果不是积德，万一子孙不成才、没出息，就算是金山银山也会用尽。如果积德给子孙，虽然没有留家产给他们，但是将来如果子孙好，还是会富裕起来的！田地房屋，就由你做主变卖，我有许多珠宝首饰也一起卖了吧！"员外听了，一直称赞夫人。于是，两人卖了值钱的东西，继续做善事，直到饥荒消除，他们才停止。

张老员外过世后，他的第五代孙张英，做到了宰相的职位，张英的儿子张廷玉，也继续着父亲的职位，以后的子孙，一代一代都有官职，家中也都有产业。这些都是员外救济乡里所积的德啊！也是因为他的善心，才能让世代的子孙享受祖先的福分，一代代都发达过上好日子。

【延伸阅读】

清朝雍正年间，一家客栈开在进出京城的黄金地段上。因为地段好，顾客络绎不绝，老板见生意好，对顾客的态度就越来越差。一天，有位顾客不小心打碎了一只瓷碗，向老板道歉后表示愿意赔偿，可是老板却狮子大开口，坚持要顾客以 20 倍的价格来赔偿。此后，这家客栈隔三岔五被官府找麻烦，生意每况愈下，最后老板只得离开京城。原来，那位打破瓷碗的客人是官府中人，因不满客栈老板恶劣的待客态度和贪婪的钱财欲望，指使官府找茬破坏客栈生意。

【原文】

吾有生之日，当积箕畚石以缮此桥。

【译注】

箕(jī)：用竹篾、柳条或铁皮等制成的扬去糠麸或清除垃圾的器具(通常称"簸箕")。 缮：修造。

我有生之年，一定要织簸箕赚钱买来石料，把这座旧木桥修成石桥。

郑成仙是歙县杨冲人，家乡附近有一条河，河上的小木桥年久失修，有的地方已经腐烂了，行走桥上很不安全，遇到雨雪天气更是危险。郑成仙早年曾经冒着风雨过河，因桥晃路滑几次摔倒，差点丢了性命。于是郑成仙仰天发誓，要凭自己的能力来修建一座石桥，造福乡里。

辑自《清稗类钞·义侠类》。

【感悟】

热心公益是徽商与当地民众互相沟通、取得认可的重要途径，这种惠人惠己的做法是一种双赢的策略，很好地塑造了徽商"义利兼顾"的良贾形象。

【故事链接】

歙县郑成仙以织簸箕为业。郑成仙织的簸箕质量上乘，却以平价售卖，所以远近乡民都争相抢购，经常出现乡民排队购买簸箕的现象。

然而过了一段时间，人们发现，虽然郑成仙的生意兴隆，但是他家依然贫困如故，家人甚至不得温饱，人们都很奇怪。其实人们不知道，在郑成仙心中一直隐藏着一个秘密，那就是他一心想要改造那座旧木桥。他发誓凭自己的技能和劳动修建一座石桥，但当时听他发誓的人都嘲笑他不自量力，而且过后权当儿戏，早已经忘记。但自从织卖簸箕以后，郑成仙夜以继日地编织簸箕，稍微赚了点辛苦钱，就换成银子藏在小瓦瓶里埋好，他妻子和儿子都不知道。

好事多磨，郑成仙好不容易攒了一些银子，不是因为被邻居借去不还，就是因为埋藏银子的地点偶然泄漏，被窥视者窃去，先后3次前功尽弃。然而郑成仙并未因此而丧失信心，造桥志向更加坚定，编织簸箕更加勤奋，经过3次散失银子又3次积聚之后，终于攒了足够多的银子。

康熙丁未年（1667年），郑成仙已经70多岁了。一天，郑成仙把邻里的长者都请到家里，坦言相告说："我的脊背已经驼了，脚上也满是硬茧，再不了却夙愿，桥与我这把老骨头都要消失了。其实我当初愿望还不仅仅是修桥。"郑成仙于是倾瓶将银子倒出，碎银子灿若繁星，总计40两。他衣裳褴褛的妻儿看见这么多银子，都为之瞠目结舌，感叹过了一辈子苦日子。曾经嘲笑郑成仙的人看见这么多银子，也顿时变色惊愕道："你真的做到了！"于是郑成仙当天就与大家一起议定黄道吉日，兴工采石修桥。不到一个月石桥就大功告成，险路从此变成坦途。事成后,郑成仙大宴宾客,率领邻里长者祭神还愿。

【延伸阅读】

　　徽商在侨寓地除经商、科考外,还经常主动地参与地方的公益活动。比如,明代在山东临清经商的汪保,急公好义之名盛传一时。他曾经独自捐资修建运河上的通济桥,为此,"知州刘志业旌其门曰'善人';兵备副使刘贽立石曰'善民善桥';工部郎中张大器建亭撰文立石于桥侧,该碑文称,汪保是侨寓的客商,并未加入临清籍,所以连政府的赋役,本来都不应当向汪保征收,但汪保却主动出巨资修建通济桥"。鳌头矶是临清名胜,往来官绅、客商必登临以观市景,矶旁之通济桥,将临清州中最繁华的商业区连接一体,所以汪保修此桥,不仅使临清百姓对他心存好感,就连知州、兵备副使和工部郎中都要为他树碑立传。像汪保这样的例子,在徽商中并不少见。

【原文】

> 吾侪以贸迁为务,卒有桴鼓,其能安然无恙乎?

【译注】

　　侪:等辈,同类的人。　　贸迁:贩运买卖。　　卒:突然。　　桴鼓:战鼓,这里指战事。

　　我们商人以贩运买卖为职业,国家突然遇到紧急的战事,我们难道能够免遭危害而安然无恙吗?

　　这是徽商胡志趴表达对商人的社会责任与义务的看法。

　　辑自绩溪《上川明经胡氏族谱·拾遗》。

【感悟】

　　没有大环境的安全与稳定,绝不会有小环境的繁荣与发展。保大家存小家,不图小家的厚利,只求大家的共同发展,在大家发展的基础上实现小家的繁荣,这才是真正的商海中"仁者"的　姿态。

【故事链接】

　　徽商胡志趴为人慷慨,嗜义若渴。在虎林经商时,遇到官兵粮饷断绝,难以抵抗,有可能发生不可挽回的败局。一听到这消息,立即倾囊拿出自己的积蓄150金捐助,战事得以挽回。事后,有人夸赞他,他作了如上回答,并谦虚地说:"我拿出这一点点积蓄捐赠军队,不是想表明我很热心公益之事,这样做其实也是为了保护我们自己赖以生存的职业"。

【延伸阅读】

　　明嘉靖年间,阮家出了一位杰出少年,他就是阮弼。阮弼年轻时就出外经商,后到芜湖从事浆染业,从此事业蓬勃发展。

　　当时,沿海一些不法分子勾结倭寇入侵,他们从闽浙登陆,沿长江一路烧杀抢掠,一直入侵到芜湖边境。因为地处内陆,所以芜湖虽然是个古城,却没有城池卫护。倭寇逼近,守城的兵将却束手无策,想不出应对办法。

　　在这紧急关头,阮弼挺身而出。他召集芜湖商人中年轻力壮的子弟,再招揽当地壮丁,两相合并人数达几千人。阮弼把他们集合一起,杀猪宰羊举行誓师仪式。在誓师仪式上,他挥臂高呼:"这些眼前的敌人,我们把它当作是邪恶的贼寇还是凶恶的猛虎? 如果是猛虎,我们只要齐心合力,众志成城,就会唾手将其擒获;如果他们是远来强贼,我们也不必怕他们,因为他们长途奔波,到这儿已经是筋疲力尽了。他们虽然张狂不可一世,但只要我们团结一致,定能活擒他们,到时,我们定要将他们剁成肉酱,向皇上请功。"群情为之振奋,齐声高呼定要将倭寇剁成肉酱,纷纷表示为保家卫国誓与倭寇血战到底。

　　阮弼见军心已被调动起来,于是便不再拖延,立即吩咐布置军民投入紧张的防御准备工作中去。芜湖守将见阮弼自动组织了商、民协同他们抗敌,自然是大喜过望,顿时精神振奋。于是军民日夜不停修筑工事,准备应战。全城百姓无不斗志昂扬,均抱誓死一战的决心。

　　不久,倭寇接近芜湖,他们派人察看芜湖情况,看到芜湖军民都已做好作战准备,一切无懈可击,如果强行进攻,己方必然是死伤惨重。于是倭寇便不敢贸然进犯,他们趁晚上夜深人静悄悄地退兵了。

　　这样,这次倭寇袭击,其他地方都是损失惨重,倭寇所至是一片狼藉,而只有芜湖安然无恙。因此,朝廷准备重赏芜湖军民。因为阮弼功劳最大,大家均心悦诚服地推他受功。然而阮弼却很谦逊,他坚决推辞,说:"保家卫国是我们每个人分内的事,而且全城百姓都出了力,这是大家的功劳。我们这些商人怎敢单独受此重赏呢？日后，如果倭寇再来侵犯，需我们这些商人出力的话，那么我还是要第一个出来贡献一份力量的"。爱国为民之心，可以说是溢于言表。

【原文】

与其以是填掾之壑，孰若为太仓增粒米乎！

【译注】

掾(yuàn)：原意为佐助，后为副官佐或官署属员的通称。
壑：坑谷，深沟。　太仓：古代京师储谷的大仓。

与其让那些贪官污吏盘剥敲诈，还不如报效国家，把钱财捐献给国家！

明万历年间，歙县汪士明面临矿监税使的恣意敲诈勒索，感慨道："我们商人虽然富有却舍不得乱花钱，平时没有机会做一些利国利民的事情急皇上之所急，忧皇上之所忧，反而要受到那些贪官污吏们肆无忌惮地盘剥敲诈。与其让那些贪官污吏盘剥敲诈，还不如报效国家，把钱财捐献给国家！"

辑自《大泌山房集》卷69《汪内史家传》。

【感悟】

取之社会，用之社会。在面临贪官污吏的敲诈和盘剥时，徽商没有屈从，更没有同流合污、狼狈为奸，而是选择了回报社会和国家。在回报社会的同时，自己也可获得回报。

【故事链接】

明代小说《石点头》中有一卷描写一个徽商被贪官污吏敲诈的故事。一汪姓徽商在苏杭买了几千金绫罗绸缎前往川中售卖，来到荆州，如例纳税。一班民壮(明代为备御北边和维持社会治安的地方武装，又名士兵、会手、刽手、机兵等）见货物甚多，企图狠狠敲诈一下，要汪商发单银10两。汪商以其他各税司从无此例为由拒绝交付。未料此举激怒了民壮，劈脸就打，接着又是拳击，然后汪商被拖入衙门去见监税提举吾爱陶。民壮恶人先告状："汪商船中货物甚多，所报尚有隐匿，且又指称老爷新例苛刻，百般詈骂。"吾爱陶闻言，拍案大怒，下令查验货物。货物抬到堂上，逐一看验，哪知果然少报了两箱。吾爱陶不仅下令将汪商打50毛板，而且说"漏税，例该一半入官"，叫左右取出剪子来分取。吾爱陶新例，不论绫罗绸缎、布匹绒褐，每匹半分，半匹入官，半匹归商。可惜几千金货物尽被剪破，织锦回文也只当作半片残霞。

汪商扶痛而出，始初恨，后来付之一笑，叹口气道："罢罢，天成天败，时也，运也，命也，数也！"遂将此一半残缎破绸，在衙门前，买几担稻草，放了一把火，烧得烟尘飞起，火光冲天。此时吾爱陶已是退堂，只道衙门前失火，急忙升堂，知汪商将残货烧毁，气得怒发冲冠，即差民壮，快些擒来。哪知汪商放了火，即便登舟，复回旧路。顺风扬帆，向着下游直溜，也不知去多少路了。

小说作者特地以徽商作为故事主人公，可见现实中徽商的类似遭遇屡见不鲜。清代也是如此，官吏们为饱私囊，私设关卡，私置非法衡器，凡此种种，不一而足。徽商无疑饱受盘剥之苦。切肤之痛，使徽商顿生悲苦之情，深感商人的财产与生命没有安全保障。

【延伸阅读】

尽管徽商很少过问政治，但是他们大多能够心系国家社会，心怀天下苍生。最突出的就是徽商大量捐资报效政府，佐解国家之急。明代休宁汪新，挟资游淮扬，应诏输粟，被授南昌卫指挥佥事。万历年间，因国家兴作，鸠工征材，费用不足，歙县吴时佐捐资30万报国。入清以后，商人尤其是盐商报效则已成了通例。"乾隆嘉庆间，王师征大小金川，荡平台湾，勘定川楚教匪，淮商踊跃输将，称为极盛。"徽商为两淮、两浙盐商之中坚，故淮商报效大多出自徽商。"嗣乾隆中金川两次用兵，西域荡平，伊犁屯田，平定台匪，后藏用兵，及嘉庆初川、楚之乱，淮、浙、芦、东各商所捐，自数十万、百万以至八百万，通计不下三千万。其因他事捐输，迄于光绪、宣统间，不可胜举。"其中，淮商、浙商自乾隆至嘉庆，单军需一项，共捐输银2640万两。可见徽州盐商对政府报效之巨。而徽州其他商人在这方面也是不遗余力。康熙十三年（1674年），"额驸石大将军建营房千间于京口，当事仓皇无措"，后全部委于婺源木商黄世权，他竭尽全力。咸丰年间，太平军转战皖南，婺源朱有升策划并参与对太平军的围追堵截，他"购捷足，昼夜轮探，逆至则沿村驰报，使老弱预避，集壮丁截堵，多赖保全"。明崇祯十五年（1642年），张献忠军攻陷庐州、六安、无为、巢湖、庐江、含山诸州县，南京震惊，贫苦百姓欢欣鼓舞，而徽商章韬却"特往金陵陈方略，出家资助饷。事闻，朝廷嘉之。以将

才召用逾年"。

【原文】

> 贼至,身且不保,遑他顾耶!

【译注】

遑:不必论及,谈不上。　他顾:眼睛望着别处。

寇贼烧杀抢掠,老百姓连身家性命都保不住了,我哪里还顾得上什么钱财呢?

徽商程开纯做生意赚钱不多,但是遇到别人需要帮助时,却总是能够倾囊相助。他经常周济别人,但从不夸耀自己对别人有恩德。咸丰年间,寇贼盘踞金陵一带,程开纯一家避难吴门(今苏州)。其间遇到所认识的贫穷之人,他都要真诚挽留,早晨做饭,经常需要几斗米之多。有人问他说:"你就不为自己考虑吗?"程开纯笑着作如上回答。

辑自《婺源县志》卷34《人物·义行》。

【感悟】

大多数徽商具有强烈的社会责任感,所以徽商的义举不能简单地被视为只是为了保全自身利益、寻找政治保护伞而采取的手段。徽商的爱国义举对社会产生了深刻影响,有助于徽商商业活动的顺利展开,扩大影响,提高声望和竞争力,促进徽商的崛起。

【故事链接】

明嘉靖三十五年(1556年),倭寇徐海、陈东、叶麻派兵重重包围浙江桐乡,并猛烈攻打城池。当时歙县人程次公正在桐乡经商,眼见城中粮绝,寇贼攻破城池只是迟早的事,程次公当即拿出千金,帮助守军购买军需用品,并一马当先带领民众抵御寇贼,终于成功保护了桐乡的安全。人们都说,城池完好是程次公的功劳。(《太函集》卷17《寿草市程次公六十寿序》)

【延伸阅读】

说到徽商,不得不提明代影响很大的商人——汪直。汪直的一生既具有传奇色彩,又具有悲剧色彩。

关于汪直的身份,争议性很大。有人说他是"倭寇王";有人说他是一个勾结倭寇的中国海盗,因此既是海盗又是汉奸;也有人说他是个武装走私集团的头目。近期有学者为其正名,认为汪直实际上只是"当时从事海外贸易谋求商业利润的商人集团代表"。汪直究竟是什么样的一个人物呢?

汪直,又名王直,徽州歙县人,出身穷苦,少有侠气。《筹海图编》说他"少落魄,有任侠气。及壮,多智略,善施与,以故人宗信之"。做过盐贩,后来因"中国法制森严,动辄触禁,孰与海外逍遥哉",南下广东,"造巨舰,收带硝黄、丝绵等违禁之物抵日本、暹罗、西洋等国,往来互市",开始了他的第一次海商生涯。

中国东南沿海的倭寇之乱,起自于元朝。为了对付倭寇,元朝曾经于大德七年(1303年)规定"禁商下海"。明王朝则采取了一项重大的海禁政策,开始全面地绝对禁止民间海上贸易,强制执行"片板不许入海"的闭关锁国政策。但是,濒海之民以海为生,海禁断绝了他们的衣食之本,必然引起他们的反抗。海禁政策在朝廷一直存在着严禁和弛禁两派,而在民间则出现了诸多的反抗大集团,如许栋、徐海、汪直等大集团竞相兴起。当时,在江浙东南沿海从事民间贸易的主体是徽州府歙县商人,其代表是许栋集团。嘉靖二十七年(1548年),在反抗海禁的斗争中,许栋集团遭到力行海禁的朱纨进剿,遭受重创,其残部推汪直为首,重建贸易基地,组成新的海商集团。为了维护海上贸易秩序,对抗官军围剿,汪直建立起强大的武装,逐步取得江浙东南沿海的控制权。

汪直虽然拥有武装力量,但是他却一直与明政府接触谈判乃至合作,试图说服明政府开放海禁,从而取得合法进行海外贸易的身份,而不是一味地和明政府进行敌对行动。嘉靖二十九年(1550年),海盗卢七集团抢劫战船,在杭州一带劫掠妇女、财货。浙江的海道副使丁湛以"拿贼投献始容互市"为条件,要汪直前去剿灭卢七集团。结果双方一战下来,汪直缴获船只13艘,消灭千余人、俘虏7人,并将他们解送至定海卫交由明军处理,还解救出被掳去的两名妇女。嘉靖三十年(1551年),另一大海商陈思盼将海商王丹杀死,吞并了其船队。因陈思盼集团势力相当大,当地明军不能与其相抗。海道副使李文进命人前去和汪直商议,希望能合力消灭陈思盼这一沦为海盗的海商集团。汪直遂与海道官兵里应外合发动攻击,烧毁大船7艘、小船20艘,俘虏164人,解救被掳妇女12名,全部押解至海道副使丁湛处。同年,汪直再应宁波府通判之请,消灭了盗贼陈四集团。嘉靖三十一年(1552年),大约万余名福建漳、泉海盗联合倭寇再进犯舟山群岛。海道副使李文进再次要求与汪直采取联合行动剿灭倭寇,双方一拍即合,最后击破倭寇,俘获倭寇海船两艘。

在这样的情况下,汪直以"杀思盼为功,叩关献捷求通市",再次向朝廷提出了要求开放海禁允许互市的要求。通过一系列和明政府合作的大规模打击海盗、倭寇的行动,汪直船队的互市开始为沿海的部分明政府地方官员所默许。但是汪直的互市要求并非为明中央政府允许,而只是获得了部分地方官员的认可,在明中央政府以及另外一些反对开放海禁的官员眼里,这依然是严重犯罪行为。在一些史料中,类似汪直的海上势力被视为"倭寇、海盗、海贼"。官方认为汪直集团与倭寇相勾结、无恶不作,对沿海地区稳定造成极大危害,多次派重兵严厉镇压,把汪直集团笼统地称之为倭寇。但是汪直是中国人,不是倭寇,其集团成员也基本上是中国人。归有光曾感叹:"尝闻吾军斩首百余,其间只有一二为真贼者。"据《明书·汪直传》记载,汪直"威望大著,人共奔走之。或馈时鲜,或馈米酒,或献子女"。就连抗倭名将朱纨也说:"三尺童子,亦视海盗如衣食父母,视军门如世代仇雠。"这表明,沿海百姓并不把汪直集团视为"倭寇"或"海盗",汪直集团并非烧杀抢掠、无恶不作的"海盗"。

汪直靖海有功,一直希望明王朝能够开放海禁,他向政府提出开放海禁的要求,祈求做一个合法的商人。但是朝廷不仅未答应通商互市的要求,反而派总兵俞大猷突然袭击,"驱舟师数千围之",于是汪直去了日本。并不是汪直投靠了日本人,而是日本人投靠了他,或者说他实际占领并控制了这些地区和居民,并在日本萨摩州建立贸易集散地,自称徽王,凡"三十六岛之夷,皆其指使"。为了迫使明王朝解除海禁、自由通商,嘉靖三十一年,汪直招募沿海破产农民和部分日本浪人、武士对明朝政府发起了武装进攻,接连攻击江苏、浙江等沿海城镇,"蔽海而来,浙东西、江南北,滨海数千里,同时告警"。这就是影响很大的"壬子之变"。但是,"壬子战争"期间汪直所部并没有入侵内地,入侵内地的乃是福建万余漳、泉海盗和倭寇,与汪直集团并非一路人马。但明王朝认为汪直为报复被明军袭击而发动入侵,引发"壬子战争"。

明朝廷武力征剿失败,就改换手法,一方面逮捕了汪直徽州老家的妻儿老母作为人质,一方面利用汪直本不想对抗朝廷而只求开禁互市的心理,采取了诱降策略,欺骗汪直说同意解除海禁开市通商,设计诱捕汪直。

汪直于1557年9月下旬率数千骁勇由日本驾舰回国,于11月份抵达籍贯为徽州的浙江总督胡宗宪总督府。胡宗宪本人待汪直既有同乡之谊,又有收归己用之心,对汪直非常优待,并上疏请求赦免。但此时朝中一些重臣如巡按御史王本固等人,对胡宗宪进行激烈的弹劾,指控胡宗宪受汪直贿赂而徇私,使胡宗宪处于两难境地,陷入危境。胡宗宪被迫交出汪直,于是汪直被捕入狱。在狱中汪直曾有一份上疏:"戴罪犯人汪直,即汪五峰……窃臣觅利商海,卖货浙福,与人同利,为国捍边,绝无勾引贼党侵扰情事,此天地神人所共知者。夫何屡立微功,蒙蔽不能上达,反遭籍没家产,举家监禁之厄,臣心实有不甘。"但最后,汪直仍然被判死刑。

人之将死,其言也善。汪直内心悲苦,直呼冤枉,坚决不认为自己犯有罪行,高呼"吾何罪!吾何罪!死吾一人,恐苦两浙百姓",仍然以沿海居民的保护神自居。嘉靖三十八年(1559年),称雄海上的汪直被斩于杭州官巷口,行刑时,"伸颈受刃,至死不挠"。

经过汪直被诱杀的教训,海商们谓明廷"不足信,抚之不复来矣",并与明王朝展开了长期激烈的斗争。嘉靖后期长达十余年之久的所谓"抗倭",多是由此而起。在这场旷日持久、越剿越盛的"抗倭"战争中,明王朝耗费了大量的财力、物力,终于越来越力不从心,最终不得不走向开放。

在汪直死后,明朝著名的科技领军人物徐光启也说汪直从没有入侵内地,并为他的死鸣不平道:"汪直向居海岛未尝亲身入犯,招之使来,量与一职,使之尽除海寇以自效。"汪直的不幸是时代的悲剧,是明王朝极力压制民间海上贸易的结局,是沿海民众求生存、海商集团图贸易之利与海禁政策激烈冲突的结果,应该反省的恰恰是昏庸短视和背信弃义的明王朝政府。

【原文】

> 非重赏无以得死力者以保危城。

【译注】

非:没有。　死力者:以死来效忠、完成任务的人。

如果不实行重赏就不能让人们拼死抵抗倭寇,保卫城池。

这是明嘉隆年间徽商凌仲玉在瓜洲经商期间率众帮助守军抵御倭寇入侵时说的话。

辑自《沙溪集略》卷4《义行》。

【感悟】

　　孔子曰："见义不为，无勇也。"瓜洲城危在旦夕之时，凌仲玉没有因为自己仅仅只是客居瓜洲的一介商人而置身事外，他不仅临危不惧，而且能够解囊相救。凌仲玉的这种率众抗倭、保卫瓜洲城的义举体现了徽商同舟共济、心怀苍生的可贵品质。

【故事链接】

　　凌仲玉，早年丧父，弃儒从商。嘉靖庚戌年间，倭寇猖獗，在江南江北一带烧杀抢掠、无恶不作，凌仲玉所在的瓜洲城即处在层层包围之中，随时都可能被攻破，守城将士无计可施。正值情况万分危急之时，凌仲玉挺身而出说："如果不实行重赏就不能让人们拼死抵抗倭寇，保卫城池。"当即带头慷慨解囊，"解千金装，散诸少年以为倡"，带领民众齐心协力一起守护城池。在凌仲玉的感召下，人们纷纷响应义举，许多青年男子纷纷赶来守城。晚上，倭寇怀疑城中守军有所防备，乘夜黑逃之夭夭。天亮以后，官府来访凌仲玉，想见见这位英雄，可是凌仲玉已经走了。

【延伸阅读】

　　明代，徽商作为一支重要商帮已经崛起并活跃在东南地区。徽商在明代的抗倭斗争中扮演了什么角色？传统的观点认为徽商通倭，一些人甚至认为徽州海商是倭寇海盗的中坚力量，他们与徽州坐贾、行商结成走私贸易的三个层次。其实，这些观点是值得商榷的。大量事实表明，徽商非但没有通倭，更没有与倭寇海盗"连成一体"。相反，在倭患当头之际，徽州行商与坐贾却采取各种形式积极抗倭。为了抵抗倭寇侵袭，活跃在东南诸郡的徽商曾经慷慨解囊，缮兵筑城，作出了突出的贡献。可以说，在明代的抗倭斗争中，也有徽商的一份功劳。尤其在嘉靖倭寇侵扰之际，很多徽商都能尽其所能，采取各种方式参加到当时抗倭斗争中。

【原文】

> 儿出当为国，吾为家以庇焉，欲令内顾分其心邪？

【译注】

庇:荫庇,旧时常指子孙凭借先辈的功勋而得到封赏。 内顾:指对家事、国事或其他内部事务的顾念。 邪(yé):同"耶",疑问词。

男儿出仕做官是为国家效力,我希望我的儿子尽心尽力地做官,将来成为国家的功臣,享受封妻荫子的巨大荣耀,我怎么能叫他为家里的事情分心呢?

明许伯容从事经商活动,可是内心却崇尚儒家之道,他聘请了有名望的老师教育儿子,希望儿子能够尽快取得功名。嘉靖三十四年(1555年),儿子果然不负众望,金榜题名。有人问他:"你儿子做官,你将来也可以得到朝廷封官,你现在何必还要经商呢?"许伯容作如上回答。

辑自歙县《许氏世谱·明故乡士良源许公行状》。

【感悟】

徽商的爱国精神、社会责任感和民族忧患意识,是徽商对儒家"治国平天下"思想的内化和落实。

【故事链接】

嘉靖年间,倭寇蜂起,大股流寇侵犯安徽地界。当时各地纷纷筑城御倭时,歙县却不做任何防备。鉴于此,许谷拜谒守令,提出13条建议,其中有应急三策:一、筑歙城;二、置监司;三、练材官。这3条建议确是抗倭寇、保家乡的当务之急。然而"守令心壮之",却不予采纳。

嘉靖三十四年,倭寇潜入歙县界内,守令惊慌失措。竟然下令"亟夷版屋,毋延火攻",要求百姓一把火烧掉家园,然后撤退。许谷和众百姓坚决反对,他自告奋勇要求坚守城门。

这时,守令丢下战败的官兵,携带老母亲狼狈不堪地逃到城门下,让许谷等人放他们进城。许谷闭门不让,说战事危殆,虽君命亦有所不受。守令急得捶胸顿足。许谷质问他:"当初不肯修筑护城的工事,事到如今,有多少民众的母亲无处逃生?早先修筑好抵御工事,也不至于现在带着老母亲一起逃命。"守令羞愧难当,答应进城后筑城,许谷于是开门让他们进来。

许谷率领民众守城,倭寇久攻不下,只好撤退。守令全权委托许谷主持修筑防御工事。修筑完毕后,严阵以待倭寇来犯。倭寇自知无法得逞,只得败逃。

在守歙期间,许谷充分发挥了自己的才能,最终击退了倭寇。人们都说:"城议兴,始谷策,终谷功也。"

【延伸阅读】

徽商与粤商和晋商不同,徽商"出仕"情结很重。民间有个说法,一流的徽商做官,二三流才做生意。根据统计,清代乾嘉70年徽商当中总共有260多人通过科举考取功名,相比之下,晋商就只有20多人,而粤商就更少了。徽商的兴趣和志向在于读书做官成名、光宗耀祖,而晋商和粤商的兴趣是单一的,主要在于商场,而不在读书做官。因此,徽商历来都十分重视培养后代考取功名,而有功名之人则不愿经商。这与当时社会的体制有关,也与徽州的社会习俗和文化教育有关。在徽商的子孙中形成了读书、做官、经商"三位一体"的局面,仅黟县西递村胡氏一族,明清以来实授官职者就有115人,贡生、廪生、监生多至近300人。徽商依靠读书为中心,或由儒入商,或由商入儒,或由儒而官,或由商而官,或亦商亦儒,商、儒、官互济,可进可退,成为当时中国社会中举足轻重的一支商帮。

【原文】

古人云:"非关因果方为善,不为科名始读书。"吾家世明经,苟不能上承家学,虽得科名不贵也。

【译注】

"非关因果方为善;不计科名始读书。"为清梁章钜之父资政公(梁赞图)所书。 明经:汉朝出现之选举官员的科目,始于汉武帝时期,至宋神宗时期废除。被推举者须明习经学,故以"明经"为名,它为儒生进入仕途提供了渠道。唐代科举以诗赋取士谓之"进士",以经义取士谓之"明经"。到明清,明经便作为贡生的别称。清代贡生别称"明经"。科举时代,挑选府、州、县生员(秀才)中成绩或资格优异者,升入京师的国子监读书,称为"贡生"。 苟:如果,假使。 家学:包括以血缘家庭为单位的全部文化、技能及价值体系。

古人说："非关因果方为善，不为科名始读书。"我们家贡生出生，如果不能师承家学，秉持这种不计功名的信念，即使考取功名也不值得崇尚。

清代黟县胡际瑶平生以不读书习儒为终身遗憾。他有三子，业商有成后，就命长子和三子习儒，令次子随他习商。这是他告诫儿子们的话。

辑自同治《黟县三志》卷15《艺文·人物·胡君春帆传》。

【感悟】

人们常说"善有善报"，但是为善应该是出于善念不图报偿的自觉举动。做学问与做善事的道理是相通的，不能掺杂功利性。古代读书人多走"学而优则仕"的道路，但始终把做人放在第一位，把修养身心成为君子作为学习的动机，而不是单纯地为入仕做官而读书。

【故事链接】

一次，胡雪岩到苏州办事，拿着阜康银票临时到永兴盛钱庄兑换20个元宝急用，谁知这家钱庄不仅不给他及时兑换，还平白无故地指责他手里的阜康银票没有信用。胡雪岩在这家钱庄无端受气，自然想狠狠整它一下。

胡雪岩完全有这样的机会，他发现永兴盛在经营上有问题。永兴盛钱庄贪图重利，它虽然只有10万银子的本钱，可是却放出20多万的银票，这导致它在经营上存在很大的隐患。浙江与江苏有公款往来，胡雪岩完全可以凭自己的影响，将海运局分摊的公款、湖州联防的军需款项、浙江解缴江苏的协饷等几笔款子合起来，换成永兴盛的银票，直接交江苏藩司和粮台，由官府直接找永兴盛兑现，这样一来，永兴盛不倒也得倒了，而且一点痕迹都不留。

不过，胡雪岩最终还是决定放了永兴盛一马，没有去实施他的报复计划。他之所以放弃报复，主要有两个考虑：一个考虑是这一手实在过于决绝，一招既出，永兴盛绝对没有一点生路；另一个考虑则是这样做很可能只是徒然搞垮永兴盛，自己却劳而无功。这样一种损人不利己的事情，胡雪岩也不愿意做。

胡雪岩下不得手，足见他所说的"将来总有见面的日子，要留下余地，为人不可太绝"，并不仅仅是口头上说说而已，而确确实实是这样去做的。

【延伸阅读】

　　明清徽州商人，有文化素养，有经济基础。他们能够认识到文化资源的价值，能够自觉用文化丰富自己、发展自己，不断提高自身的品位和素养。在对待子弟门人方面，他们的文化意识更为强烈。在徽商看来，无论是儒是贾，学问都是不能够废弃的。黟县名医李声远，其家世代业商百年有余，他秉承先业昌明所学为义务终竟，名噪一时，尝训子培芳云："医之精义尽在书，不达书理而欲成名医未之有也。"其子培芳于是发愤力学。黟县胡在乾教其子说："读书非徒以取科名，当知作人为本。"这些文化观念无论对自身发展还是对后人的培养，无疑起了极其积极的作用。更为可贵的是，不少徽商开始自觉地对后辈进行实学（如数学、医学、天文、地理等）教育，这些都有利于多方面人才的培养，在理学教育占统治地位的时代，这些教育无疑注入了新鲜的血液。

【原文】

　　丈夫生而志四方，若终其身为田舍翁，将何日出人头地耶！

【译注】

　　志：志向。　　田舍翁：年老的庄稼汉。　　出人头地：高人一等。形容德才超众或成就突出。

　　男子汉大丈夫生就应当志在四方，如果一辈子只甘心做个庄稼汉，那什么时候才能出人头地呢！

　　清初歙县程胜恩祖上终日辛勤耕作，省吃俭用。一次，遇上连年灾荒，家里一贫如洗。程胜恩发此感言，决定弃农就商。

　　辑自歙县《褒嘉里程氏世谱·歙邑恒之程公传赞》。

【感悟】

　　从平凡到平庸是一件很容易的事，只要心中懈怠，就滑向了平庸的边缘。

人的能力有高低差别,平凡的人在自己的工作岗位上人尽其才,发挥自己的才能,人生价值一样可以得到体现。而平庸的人,没有远大志向,整日碌碌无为,毫无主动精神,做一天和尚撞一天钟,不思进取,不求有功,但求无过,工作马马虎虎、懒懒散散,让青春美好的时光在蹉跎岁月中流过,在消极等待和徘徊观望中失去了很多实现人生价值的机会。

【故事链接】

李嘉诚早年跟随父亲逃亡到香港。14岁那年,父亲病倒了,李嘉诚作为长子挑起了生活的重担。被迫辍学后,李嘉诚进了一间茶楼做事。一年后,他进入舅舅的钟表公司。几年后,又跑到一家很小的五金公司当推销员,不久再次跳槽到一家塑料制品公司。频繁的跳槽完全是出于生活所迫。

李嘉诚没有安全感,感受到的是生活的压力和无奈。一无所有的他萌生了自己创业的想法。他认为,一个人只有依靠自己,具备相当的实力,才能掌握自己的命运,做自己喜欢的事情。这种自立精神,为他日后创立自己的商业帝国发挥了关键作用。和许多创业者的经历类似,李嘉诚的从商动力首先来自于现实的生活压力。因为贫困,所以渴望财富;因为一无所有,所以希望做生意改变命运。这种纯粹的想法,让他从一开始就把希望寄托在自己身上,而不是依附于他人。

有了自己创业的志向,李嘉诚就开始利用一切机会学习从商的知识,积累从商的经验。无论是与人打交道,还是学习书本知识,李嘉诚横下一条心,把心中远大的理想化为实际的行动,一步步接近成功。

后来,谈到自己从商的经历,李嘉诚深有感触地说:"创业之初,你是否有资金都无关紧要,重要的是你有梦想,并且不会轻易改变这种创业的信念,它是你迎战艰难、屡败屡战的精神动力。而后在实践中学习知识、总结经验,并把这种热情持续下去,离成功就不远了。"

【延伸阅读】

徽州地处安徽南部的崇山峻岭之中,四面群山环抱,层峦叠嶂,河流交叉,素有"七山半水半分田,两分道路和庄园"之称。这里根本不宜耕种,到了明清时期,由于大批中原人口迁入,使地少人多的矛盾进一步突出。在严酷的现实面前,徽州人意识到:"上天关闭了农耕之门,却打开了经商的大门。"

徽州并非没有优势。这里水上交通极为便利,境内有新安江直通杭州,徽州的茶叶、木材、山货、野味和土特产品也极为丰富。聪明的徽州人很快发现了一条商业规律——由于各地经济发展的不均衡和自然条件的限制,导致了中国各省的物产是此歉彼丰,各省的物价也是此贵彼贱。根据这一规律,徽州人作出了"从事长途贩运"的经营定位。他们把苏浙的棉布、丝绸和徽州的茶叶、竹木运销到四面八方,又把长江中上游的木材、粮食运至长江下游销售,还利用运河航道,把北方的棉花、大豆运至江南,再把江南的特产运往北方。徽商崛起的初期,他们就是在这种从东到西、由南至北大规模的双向商品交流中,获取了丰厚的利润。徽州人经商,一般先是经营本地出产的茶叶、木材和文房四宝,而后贩卖外地的粮食、棉布、丝绸、瓷器等,再往后是"奇货无所不居",也就是什么赚钱就做什么。

【原文】

大丈夫即不扬镳皇路,一展生平之志,胡郁郁久居田舍为?

【译注】

扬镳:提起马嚼子驱马奔跑,比喻显扬才华。   皇路:君道,国运,比喻仕途。   生平:人的整个生活过程或者是有生以来的意思。   胡:通"何",文言疑问词,为什么,何故。   郁郁:郁闷,不高兴。

男子汉大丈夫如果不能显扬才华跻身仕途,实现平生的远大抱负,还神情颓丧地守在乡间蹉跎岁月干什么?

清代婺源洪友云年轻时在家辛勤耕种,过着贫穷的生活。后来他发此感慨,并外出经商。不几年,家境开始宽裕。

辑自婺源《碴煌洪氏统宗谱》卷59《福溪雅轩先生传》。

【感悟】

千里之行,始于足下。每个人都有梦想,但是梦想能否实现,主要取决于是否能够脚踏实地、一步一个脚印地付诸实践。成功在千里之外,努力需要从脚下开始；成功不是高不可攀，只要认　是在走向成功。
真勤奋地做了，不问收获只求耕耘，就

【故事链接】

　　明代休宁程镶在吴越一带经商，生意兴隆，赚了不少钱，在家乡可谓是富甲一方。在吴越的时候，当地的人们都喜欢他忠厚诚信的为人，人们都信得过他，程镶因此也很有社会影响。在家乡，他"选宗之贤（者）各出三百缗创为会约，严立章程，号曰'正义'"，在乡村创立了专门为乡邻排难解忧的正义会，凡是需要替人伸张正义、救济穷困，都可以从那里取用资费。尽管经商取得成功，程镶还是有一个遗憾，就是少年时读书业儒时，因弃学从商致使学业无果。为此，他在临终前，还念念不忘告诫子孙：自己从来就矢志不移地要做一个对社会有用的儒商，也希望子孙后代要珍惜家族的声誉，"崇本黜奢"、"明经修行，以善继述"，反复叮嘱子孙要努力维护好家乡的乡风。

【延伸阅读】

　　徽商绝大多数是小本起家，依靠勤劳和精明发家致富。关于徽商外出艰辛创业，胡适曾说：地处高山深谷的徽州，农业收成只能满足三分之一的口粮，为了活命，男人们不得不背井离乡，"以贾代耕"。徽商出门，往往背着一个口袋，里面装着干粮和炒米，到了一个地方落脚，只要有水喝就可以聊以充饥。徽商中流传着这样一句话："出门带着三条绳，可以万事不求人。"意思是一条用来捆绑行囊和货物，一条用来捆绑赚到的银子，另一条用来上吊。当时的徽州人就是抱着"不成功便成仁，要么衣锦还乡，要不就客死他乡"的信念，所有徽商都是以没有第三种选择的思想而投身商海。

【原文】

> 男子生而桑弧蓬矢以射四方，明远志也。吾虽贾人，岂无端木所至国君分庭抗礼志哉！且吾安能效农家者流，守畦、辨菽麦耶？

【译注】

桑弧蓬矢以射四方：古时男子出生，以桑木作弓，蓬草为矢，使人射向四方，以表示男儿志在四方之意。　远志：远大的志向。端木：端木赐，孔子七十二弟子之一，字子贡，政治家，儒商之祖，官至鲁、卫两国之相。他利口巧辞，善于雄辩，且有干济才，办事通达。他还善经商之道，曾经商于曹、鲁两国之间，富致千金，为孔子弟子中首富。有政治才能，曾在出使齐、吴、越、晋4国的外交活动中得心应手，获得圆满成功。　分庭抗礼：古代宾主相见，分站在庭的两边相对行礼以示平等。比喻平起平坐，彼此对等可以抗衡。效：效仿。　基：地基。守基指待在家里。　菽麦：豆与麦，这里代指农作物。

古代有一种习俗，男孩出生的时候，人们都以桑木作弓、蓬草为矢，射向四方，这是表明男儿志在四方之意。我虽然只是个生意人，难道我就没有孔子弟子子贡那种出使国外能让国君平起平坐、以礼相待的志向吗？我怎么能够与农民一样整天待在家里，做一些照看农作物之类的琐事呢？

许秩的经商足迹遍各地，不停地贩运货物来往于福建、广东、河北、山东和湖南，创业取得成功，家境日益富足。上了年纪之后，有人劝他该在家乡享受田园生活，不必再去经历艰难险阻。他不听，继续在外经商，并作如上回应。

辑自歙县《许氏世谱》第5册《平山许公行状》。

【感悟】

徽商文化整合了传统宗族社会伦理道德与商业精神之间的矛盾，对正统"士农工商"的本末体制质疑，明确提出了与正统观念对立的社会价值观，将传统士农工商四民按贵贱、贤愚、富贫之别重新划分，否认职业贵贱之分，强调个人努力，承认个人成就。徽州文化中的这种开拓精神、开放性因素，积淀在徽商思想意识中，使徽商形成了一种锲而不舍、奋发进取的精神，一种突破自我、突破传统的魄力，也使他们在搏击商海的旅途中始终不失达观和洒脱的个性。

【故事链接】

约瑟夫·贺西哈,股票界的巨头,是一个从贫民窟中走出来的人。

8岁时,一场大火袭击了他的家,从此他变成了一个小乞丐。兄弟姐妹相继被领养。当一对老夫妇要领养小约瑟夫的时候,小约瑟夫才惊醒:"就是当乞丐也要和妈妈在一起"。

他来到纽约,回到了母亲的身边。新鲜的事物让他应接不暇。但是还没等小约瑟夫看够这个世界,他就被母亲带到了纽约布鲁克林区肮脏的贫民窟。以后的生活更艰难了:母亲不幸被烧伤,住进了医院乱哄哄的大病房,那些有鲜花、有地毯的高等病房,可是母亲却无缘问津。

小约瑟夫暗暗发誓,决不再受贫穷的困扰。他不断地寻找工作,力求赚钱发达,他来到纽约证券交易市场看着听着,当他知道在这里可以一夜之间从穷光蛋变成百万富翁,他的血液沸腾了,立志要在这里闯出一片天地。

踏遍无数荆棘之后,小约瑟夫终于成为一个出色的股票经理人,1917年,17岁的他不再受雇于人,以255美元的本钱开始了他的事业。最初,他一帆风顺,赚到了16.8万美元。然而,在转眼间他又因买下了由于战争结束而暴跌的钢铁公司的股票变得仅仅剩下4000美元。但最终,他凭着对股票生意的天赋,成了股票业的巨头。

【延伸阅读】

孔子弟子子贡利口巧辞,善于雄辩,不仅长于经商,而且具有卓越的政治外交才能,曾任鲁、卫两国之相。他在出使齐、吴、越、晋4国的外交活动中得心应手,获得圆满成功。

《史记·仲尼弟子列传》中记述"子贡一出,存鲁,乱齐,破吴,强晋而霸越"的故事。齐国的田常企图夺取君主之位,因为害怕其他大臣的反对,就借口出兵攻打鲁国。孔子听说这件事,希望他的弟子能有人出来拯救鲁国于危难之中。这时,子路、子张、子石等人纷纷请求出使,孔子都不许。最后子贡请求出使,孔子同意了。

子贡到了齐国,见到田常,给他分析了攻打鲁国不如攻打吴国有利的道理。田常相信了他的话,但是又说他已经出兵准备打鲁国,现在撤兵转而攻吴国,恐怕引起其他大臣怀疑他的用意。子贡说,这个你不用担心,我到吴国去请求吴王出兵救鲁国;吴国军队来了,你迎头打他,就顺理成章了。田常采纳了子贡的建议。

子贡到了吴国,给吴王讲了救鲁国打齐国一举两得的好处。吴王果然动了心,但又担心越国借机报复他,必须先制服了越国再去救鲁国。子贡说,等制服了越国,鲁国就被齐国拿下了,到那时候你名利皆失;不如现在先放下越国,向诸侯表示你的仁慈;救鲁国打齐国,借以威震晋国,这样诸侯必定纷纷来朝拜你,那时吴国就可以称霸诸侯了;如果你真的担心越国捣乱,那么我现在到越国去说服越王出兵跟你去打齐国,使他国内兵力空虚,等打下齐国再收拾越国就易如反掌了。吴王对子贡的建议非常高兴,就请他去越国。

越王听说子贡要来,亲自到郊外去迎接他。子贡对越王说,你有报仇雪耻的志向,但是千万不能暴露在吴王面前。现在你应该主动向吴王请求出兵帮他打仗,用重礼和美言迷住其心窍,让他对你放心。吴王暴政,民愤很大,奸臣当权,君臣不一心,吴国正在走向灭亡之路。吴王要去打齐国,战败了,当然是你的福;胜了,他必然转而攻打晋国。到那时我去说服晋国国君,叫他出兵一起对吴王作战。吴国精锐兵力都困在了齐国和晋国,此时你趁机灭吴,一举而得。越王非常高兴,接受了子贡的计策。

子贡回到吴国,对吴王说,越王很惧怕你,不敢轻举妄动。随后,越王按照子贡的安排,假装向吴王请求出兵助战,并向吴王重礼行贿。吴王信以为真,问子贡可否让越国参战。子贡说,不行,那样做太不仁义。吴王又采纳了子贡的建议。于是,吴王集中全国之兵力攻打齐国。

子贡又来到晋国,对晋王说:"现在吴国和齐国就要开战了。如果吴国打败了齐国,肯定会出兵打晋国。"晋王听了很害怕,就问子贡怎么办? 子贡说,你只管按兵不动等待时机。晋王也采纳了子贡的建议。

子贡回到鲁国以后,吴与齐就打起来了。结果吴国大胜,但他并没有收兵回国,而是调头去攻晋国,结果被晋国打得惨败。此时,越国借机攻打吴国。吴王得到消息,立刻回来迎战越王,结果三战三败,被越国打开了都城大门,包围了王宫,杀掉了吴王夫差。

至此,子贡顺利完成了他的使命。所以史称,"故子贡一出,存鲁、乱齐、破吴、强晋而霸越。子贡一使,使势相破,十年之中,五国各有变"。

【原文】

人在天地间,不立身扬名,忠君济世,以显父母,即当庸绩商务,兴废补弊。

【译注】

庸绩：功绩。

人生在世，如果不能够通过做官扬名，效忠君王，救济世道，光宗耀祖，也应当致力于经营商业，做一些实实在在的事情，兴利除弊。

明代歙县许太明遵行父亲的意志外出经商，并发出此感言。

辑自歙县《许氏世谱》第5册《明故青麓许公行实》。

【感悟】

只有冲破思想上的束缚方能成就一番大事业，徽商的观念在古板而传统的儒士看来也许是离经叛道的，但正是因为他们敢于打破"重农抑商"的传统观念，冲破世俗偏见，才使许多徽民变为徽商。徽商认为商人的作用一点也不比儒者逊色。儒者入仕，治国平天下，而商人可以贸迁有无，"兴废补弊"，亦有益于社会。除了分工不同，对社会的贡献都是相同的。

【故事链接】

100多年前，美国加州因发现金矿而吸引了大批淘金者，犹太人莱维·施特劳斯也是这批淘金者之一，却每天以失望告终。一天，莱维和一位疲惫不堪的矿工坐在一起休息，这位矿工抱怨说："唉，我们一整天拼命地挖啊挖，裤子破了也顾不上补。这鬼地方裤子破得特别快。"莱维眼睛一亮，帆布不正是耐磨的布料吗？不久，第一条牛仔裤的前身——工装裤就这样诞生了，并从加州迅速推向全国乃至全世界，莱维也由当初的贫困淘金者一跃而变成"牛仔裤大王"。

【延伸阅读】

传统社会对商业、商人的主流认识：商业在社会上有弊无利，或是弊多于利。商贾为社会卑下等级，因而把商业视为末业，将商人看作四民之末。当然，也有一些人肯定商业和商人对社会（当时主要是指朝廷和黎民）有一定的价值，特别到唐宋以后，更有一些有识之士提出"重商兴邦"的口号，但这种声音与前者相比，还是微不足道。到晚明，传统的经济思想仍有强大的势力，"重本抑末"依然是政府的基本国策，有的地方还将其作为本地教化的一项重要内容。然而，社会毕竟在前进，重视商业甚至推崇商业已大有人在，并逐渐汇聚成一股社会思潮。已经有文人学士，甚至是士大夫挺身而出，纷纷表达对商业地位、价值的重新认识：工商皆本。明中后期以后，士、农、手工业和自由职业者等社会各阶层，纷纷从事或参与商业。当时有人就称："昔日逐末之人尚少，今去农而改业为工商者，三倍于前矣。"从这一记载看，当时人们已经普遍接受从商是谋生正当职业这一观念。明嘉靖年间的休宁商人汪弘甚至认为，从某种程度上说，商人对社会的作用远胜于那些整天纵情山水、无所事事的儒士。

二、勤勉好学,积极进取

【原文】

丈夫当观时变，察低昂，立致富厚耳，安能久为此琐琐乎！

【译注】

时变：时世的变化，亦指时世变化的规律。 低昂：形容世事盛衰、起伏。 立：立志。 致：达到。 富厚：物质财富雄厚。 琐琐：形容事情细小、不重要。

大丈夫应当观察时代的变化，把握住世事盛衰起伏的规律，立志通过做一番大事来积聚丰厚的物质财富，怎么能够长期在那些微不足道的小事上耗费时日呢！

明江终慕，年轻时曾随兄长在钱塘开店铺售杂物，利润微薄。他认为："丈夫当观时变，察低昂，立致富贵耳。"于是，他毅然告别兄长，"北游青、齐、梁、宋间，逐什一之利。久之，复还钱塘时已挟重赀，为大贾"。

辑自歙县《溪南江氏族谱·处士终慕江翁行状》。

【感悟】

善于把握市场行情，也是徽商致富的一个重要秘诀。这就如同我们走路一样，既要踏踏实实走路，也要多抬头看路，只有多抬头看路，才能把握方向，少走冤枉路。其实做任何工作都是一样，既要能干肯干，也要讲究实效、认准方向，把握事物的发展规律。有的人也许很务实，但常常将一件事干了一大半后，才发现思路不对或方法不对，这样就会造成人力、物力的极大浪费。因此，凡事既要埋头苦干，也要抬头看路。多抬头看看前方的路，事先要多做总结和规划，找出规律，才能够避免不必要的损失，否则的话，付出的再多，也不能保证就能收获越多，说不定还可能会前功尽弃、一无所获，甚至南辕北辙，误入歧途。

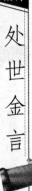

【故事链接】

清朝时,一位父亲带着儿子,渡长江、跨黄河、穿陕甘,把货物卖到新疆、西藏。在穿越塔克拉玛干沙漠时,风尘仆仆、辛苦不堪的儿子不由得开始抱怨起来:"这沙漠实在太辽阔了! 要是狭小点就好了。"父亲抽了一口旱烟,再悠悠地吐出烟圈:"不,孩子,这沙漠还不够宽! 要是再广阔一些就好了。"儿子听了一脸的疑惑。

"如果这沙漠再宽广一倍,那么,来这里经商的人十成中至多只剩下一成。这样,我们的利润就能翻上几番。"沙漠的风,干燥而凛冽,刮在脸上像刀子割一般疼。但是,经过父亲的点拨,儿子已经感觉不到疼痛了,他的心瞬间亮堂了起来。在灰蒙蒙的苍天之下,儿子像标枪一样挺直了腰,目光也无比坚定起来。40多年以后,这个儿子的名字传遍了天下,他就是胡雪岩!

【延伸阅读】

范蠡,人称"陶朱公",春秋时期越国的政治家、军事家,具有非凡的经商才能。范蠡很有经商的头脑,他主要经济思想之一是"极而复反"的规律,即"论其(商品)有余和不足,则知(价格)贵贱",意思是说,根据市场的供求关系,判断价格的涨落;而价格涨落有极限,即贵到极点后就会下落,贱到极点后就会上涨,表现出"一贵一贱,极而复反"的规律。因为一种商品价格上涨,人们就会更多地生产、供应市场,这就为价格下跌创造了条件;但是,如果价格太低,就打击了生产者的积极性,人们就不愿生产,市场的货物也就少了,又为价格上涨创造了条件。因此,范蠡提出一套"积贮之理",就是说在物价便宜时要大量收进。他的"积贮之理"包括两方面:一、"贱取如珠玉",即像重视珠玉那样重视降价的物品,尽量买进存贮起来,等到涨价之后,就尽量卖出;二、"贵出如粪土",即应该抛出的时候就要像抛弃粪土那样毫不可惜地尽量抛出。

那么价格涨落的原因在哪里呢? 范蠡生活在农业经济时代,农产品是市场上最大最主要的商品。农业有很强的季节性,每年气候不同,产量也就不同,对市场价格有极大影响。所以满足农业需要、为农业服务,就成为他经商的主要方向。范蠡根据季节规律,提早储备物资,即所谓"知斗则修备,时用则知物",就是说,像作战之前要做好准备一样,根据季节的需要(时用)就可以预知市场所需要的商品(知物)。季节和气候变化是有规律的,因此可以根据市场的变化规律提早准备好市场所需要的商品。在古代,人们往往依据气候变化的规律性预知农业的丰歉,有一条农业谚语说:"6岁穰,6岁旱,12年1大饥。"就是说,每6年有一个风调雨顺的上好年景,也有1个旱年,每12年有个大旱年,也有1个水年。范蠡对此深信不疑,于是他根据农业丰歉的规律,在丰收之年大胆地收进粮食,因为他认为不可能年年丰收,所以收进的货物不愁没有机会售出。同样,在大旱年物价上涨时,他就尽量抛售,因为无须担心以后没有进货的机会。就这样,他不但自己发家致富,也为平抑市场物价、避免丰收年谷贱伤农与饥荒年民不聊生作出了积极的贡献。

范蠡不仅是一代商业奇才,而且"为富能仁",他仗义疏财,赚了钱就从事各种公益事业,他的行为使他获得"富而行其德"的美名,成为几千年来我国商业的楷模。据史书记载,在他从商的19年中,他善于聚财,乐于散财,又肯帮助别人发财,他曾经"三掷千金",即3次散尽家财,又3次重新发家。这个奇迹,就是在今天这个时代,也算得上是难得一见。古人有"为富不仁,为仁不富"的说法,但范蠡能算得上既富且仁了。

【原文】

汝毋要名,毋希上官之旨,唯廉唯勤,唯镇之以静,而抚之以宽。勉之行矣。

【译注】

要:希望,追求。 上官:加官晋爵。 旨:意图。 镇之以静:通过安抚百姓来维持安定。 静:真情。 抚之以宽:通过宽厚的政策安抚百姓。 勉:勉励。

你不要追求华而不实的虚名,不要成天想着有朝一日能够得到加官晋爵,一定要廉洁,一定要勤政,一定要励精图治使百姓安居乐业、使社会安定和谐,通过实行宽厚的政治措施来安抚百姓。你一定要勉力而行啊。

歙县江终慕早年因家庭贫困,出贾谋生,致富以后,常念及"吾先世奕华衣冠,今久易业为商贾,不可",于是决心退出商海,身归故乡。江终慕有4个儿子,他让其中两个儿子继续从商,自己则教另外两个儿子"祄、珍读书学文为举子"。后来其子江祄成为秀才,另一子江珍更成了进士,授江西瑞州府高安县知县。江珍任职途中经过歙县,拜见父亲,江终慕告诫他说,高安那地方土地贫瘠,税赋却很重,因此"汝毋要名,毋希上官之旨,唯廉唯勤,唯镇之以静,而抚之以宽。勉之行矣"。

辑自歙县《溪南江氏族谱·处士终慕江翁行状》。

【感悟】

做事先做人。即使是商人,要想成就一番大事业,也需要首先做一个勤勉奋进的人,做一个有良好道德品质的人。儒家倡导的以"仁"为本的处世理念始终贯穿在徽商的日常生活中的方方面面,他们注重道德自律,明理诚信,爱国爱民,并对社会具有深深的责任感。

【故事链接】

徐九思,字子慎,明朝江西贵溪人。一生官职不高,但刚正廉洁,爱民如子,常说:"勤则不隳,俭则不费,忍则不争"。嘉靖四年(1525年),徐九思在贵溪县考中举人。嘉靖十五年(1536年),徐九思年届四十,初任句容(今属江苏)知县。当时官场积弊难清,贿赂横行,贪风尤盛,贪官污吏欺压民众。徐九思任职期间,在县衙前竖立一座石碑,碑上是他自己画的一棵大白菜,两侧题写了一副楹联:"为民父母,不可不知此味;为吾赤子,不可令有此色"。

不唯如此,他还在自己的居室中也挂着一幅《青菜图》,其旁写着"为民父母不可不知其味,为吾赤子不可令有菜色",要求自己"生平不嗜肉,唯啖菜"。当时,朝廷规定地方粮簿上有一笔注明可供地方官开支的例金。地方官员以招待过路官员作为一种重要的社交手段,利用公款宴请、送礼。而徐九思却对这笔例金分文不取,后来自行规定取消了这笔开销。徐九思在句容任职9年,如白菜碑所述,为官清廉,自奉节俭,办事公正,不徇私情,深受百姓爱戴。他勤于政务,为了避免县吏们在公务中营私舞弊,为了平衡税赋徭役轻重减轻百姓负担,许多公务他都亲自处理。

徐九思去世后,句容百姓为了怀念这位清官,捐资在茅山建造了一座遗爱祠,予以供奉。

【原文】

吾欲吾儿为清吏,吾独不为清吏父乎?

【译注】

清吏:廉洁的官吏。 独:难道。

我反复叮嘱我儿子要做个正直廉洁的清官,我自己难道能够不像个清官父亲的样子吗?

这是吴一莲晚年对从游者所说的话。

辑自《丰南志》第5册《先大夫请状》。

【感悟】

知法守法是国家对从商者起码的要求,也是商人自爱、自律的基本准则。一个成熟的生意人要具备一定的法律观念。自明代中期以后,商业有了长足的发展,商贾势力大增,商都众多。商人受到传统儒家伦理观念的影响,自然也信奉诚信待客、诚实经商、童叟无欺。可是,儒家伦理是否能够落实为商业道德,不能一概而论,但应该说徽商作出了令人满意的回答。

【故事链接】

吴一莲,明嘉靖年间,歙县丰南人,是一个"性固长厚,不操市心"的儒商,他早年希望儿子将来能够入仕。后来儿子果然科考成名成为进士。入仕后,吴一莲每每以"宁静"、"淡泊"为训教导儿子。儿子任归安(今浙江吴兴)县令,吴一莲曾告诫他说,归安这个地方山多,赋役繁重,老百姓难以承受,你要多为百姓着想。此后其子多次调任,吴一莲都叮嘱他体民情、解民困,勤勉政事,并说:"你只管尽心尽力做好公务之事,我会克勤克俭地打理好家务事的"。要儿子勤勤恳恳,一心致力于公务。吴一莲还坚决谢绝各级官吏们的各种馈赠,说:"我告诫儿子不能收受礼品,我自己就更不能收受礼品了"。与人来往,他总是恭谨温顺,从来没有因为儿子做官而表现出高贵傲慢的神情。他对人说:"我反复叮嘱儿子要做个正直廉洁的清官,我自己难道能够不像个清官父亲的样子吗?"

【延伸阅读】

徽商因生长于封建礼法十分浓厚的徽州山区,从小就受到有关"安分守法"的教诲,因此,他们的法律意识普遍比较强烈,在商事往来中逐渐形成了"凡事立字为据"的习惯,用"法"来维护权益和协调关系。

歙县程正奎就是一个十分尊崇法制传统的代表人物。程正奎认为法与利之间并不矛盾,他提出"法乃经营之利器,非割喉之刃",所以法在经商活动中的作用非常重要,它保证了商人利益不受侵犯,促进了商业的发展,而且如果没有法的制约,商人很难抵御利益的诱惑。

在程正奎小时候,父亲让他读书,期望他日后能走仕途。可是,当他正准备参加科举考试时,父亲却突然病倒了,入仕的希望也破灭了。自其父突然病倒后,家道中落,作为长子,他不得不承担起支撑家庭的重担。为了摆脱拮据的家庭生活状况,他毅然出外经商,辗转到江浙一带经营盐业。由于程正奎曾认真读书求学,熟知经商之道,能很好地把握道义和利益之间的关系,并且对当时的盐法非常熟悉,严格遵守盐法的规定,且灵活经营,所以他的生意越做越好。没过几年,程正奎就已成为江浙一带的大商人。

当时,徽州盐商势力很大,从明万历四十五年(1617年)到清道光十年(1830年),徽州盐商基本把持了全国的盐业运输和买卖,徽商也在这一时期控制了全国财政的七分之四。程正奎曾向盐务司上书请求变革盐课征收之法,其目的是避免盐户逃亡,同时又能让盐户通融获取盈利。这在当时看来是危险之举,但是,程正奎并不惧怕,他认为,当年的盐法已不能完全符合形势需要了,既然不符合当时实际情况,那么就要改革,只有改革才能保证盐业发展的通畅。因此只有改革盐法,盐法所起的积极作用才会继续保持下去。盐务司不仅听取了程正奎的建议,而且认为程正奎博学多才,便申请录用他为官,皇帝下诏予以采纳。于是程正奎被录用为盐务司顾问。他上任不久,又提出对盐课盐务的一系列改革主张,声名日益远扬,苏浙盐务的许多政事都交由他管理。

【原文】

若以舍贾而来,必不以趋贾而去。

【译注】

舍:放弃,停止。　来:做。　趋:归向。　去:抛弃,舍弃。

如果是因为不喜欢经商而做学问,就一定不会再因为热衷于经商而放弃做学问。

潘汀州的侄子潘图南幼年时在家塾读书,后他父亲却让他去从商。但潘图南一直不喜欢经商,认为经商追求利润只是为了养家糊口。他立志要通晓诸子百家,深研儒家之道。于是他干脆打道回府,弃商从儒。潘汀州见状大喜,说:"我们家乡有十分之七的人都出去经商,只有十分之三的人以儒学为业。学习态度不够端正的人习儒，就会耐不下性子急急忙忙去经商了，即使一开始还能学得进去，也不能够登堂入室。如果是因为不喜欢经商而做学问，就一定不会再因为热衷于经商而放弃做学问。"由此看来，你身上增加了一份美德，真是一大幸事啊！

辑自《太函集》卷30《太学生潘图南传》。

【感悟】

一心不可二用。凹透镜在阳光的照射下，唯有将焦点对准于一点，才能将纸点燃。人生好比一块凹透镜，共同沐浴在阳光之下，之所以有人成功有人失败，取决于焦点是否聚于某一点。做事一心一意，抛掉其他的杂念，就会在不知不觉中融入到所做的事中。唯有如此学习、工作，效率才能够高，才能取得最后的成功。

【故事链接】

胡贯三是黟县西递村人，出身于重理学、懂礼教家庭，四五岁时就在家中开始学识字块、对对子、写红描；6岁进本村的"燃黎馆"读书，背《三字经》，念《千字文》，读四书五经，诵《幼学琼林》《古文观止》，打算盘，临字帖等。由于家长的严格要求、教学先生的认真教诲，天真纯朴、聪颖过人的胡贯三学习更为上进，成为同窗学友中的佼佼者。

有一次，老师望山观景，得一上联："黟县山多黑"，叫学生们对下联。这则上联字不多，是折字格。"多"、"黑"合为黟字，表示地名。几十名娃娃你看看我、我望望你，绞尽脑汁，也未对出。只有小贯三眼珠溜转，胸有成竹。老师下午回到学堂就一一查看学生对的下联，多数文不对题，少数几个对出的下联内容也平淡无味，唯独胡贯三的"靛池水定青"的下联，非常恰切巧妙，受到了老师的称赞。原来学堂的附近有口方方的小水塘，名叫"靛池"，其水深且清，享有甜池的美誉。放学后，老师兴致勃勃地对胡贯三的父母说："此子才思敏捷，日后必成大器也！"

长大后胡贯三也走上了经商之路，由于他"贾而好儒"，生意越做越大，门路越来越广，利润也越来越丰。上至武汉、九江，下至芜湖、南京，中到苏州、杭州都开设了当铺、钱庄、布店、作坊、土特产店……经过数十年的辛苦经营，胡贯三的家当已拥有"七条半街"、"三十六典"，成为"江南六大富豪之一"。

【延伸阅读】

中国商人早在春秋战国时就已经出现在历史舞台上。随着秦汉王朝的建立，先秦的"抑商"思想就以制度的形式在社会中开始发挥作用了。士、农、工、商，泾渭分明，成为中国封建社会结构的一大特色。秦汉以后，虽然商人的地位受到一定的贬抑，但是这完全没有影响商人在社会上的活跃程度。历史发展至明中叶以后，社会结构为之一变，士农工商这样的四民次序，逐渐演变为士商工农了。士不再傲居四民之首，商也不再屈居四民之末，出现了二者相互渗透、相互融合的现象。士、商相混使许多读书人加入商人行列，出现了"其业则商贾也，其人则豪杰也"现象。时人也敏锐地觉察了这一变化，归有光说："古者四民异业，至于后世士与农商常相混"。明朝以后，商人和士大夫之间的互相流动开始变得非常密切，商人阶层明确形成了自我意识，出现了自己的意识形态，商人在中国的社会地位和社会价值也正式地开始上升了。15世纪以来，许多士大夫成为商人的代言人，用自己的笔墨和口舌，用自己的文化地位和影响力，为商人营造出意识形态。王阳明这样的大思想家，李梦阳这样的大文学家，也开始为商人写墓志铭，宣称"四民异业而同道"、"士商异术而同心"。"弃儒就贾"成为中国社会出现的新现象，而且非常普遍，商人多数是从士大夫演化而来，士大夫也往往出身于商人家族。清人沈垚说"天下之士多出于商"，而"豪杰有智略之人"则多志于商。由此可见商人的社会地位之高了。

【原文】

丈夫贾则贾耳，固当择地逐时，用不在大，宁能规规然析薪而爨，数米而炊乎？

【译注】

固：本来。　规规然：墨守成规。　析薪而爨：比喻只注意小事，不从大处着眼。　析薪：劈柴。　爨(cuàn)：烧火煮饭。　数米而炊：数着米粒做饭，比喻过分计较小利。

男子汉大丈夫经商就要好好经商，理应选择适当的地方、抓住良好的机遇，人的本领不在于有多大，怎么能够老是安于现状、着眼于微不足道的利润呢？

汪才生一开始跟随兄长在钱塘经商，因业务没有起色，作如上感叹。穷则思变，于是决定另立门户，辞别兄长北上青、齐、梁、宋一带经商，从此生意一天天逐渐好起来。

辑自《太函集》卷67《明赠承德郎南京兵部车驾司署员外郎事主事汪公暨安人郑氏合葬墓碑》。

【感悟】

对于出入商海的人来说，创业之难，就在于是否具有开拓进取的创业精神。墨守成规的人，只能做金钱的奴隶、市场的仆人，无法受到成功的青睐。只有那些敢于打破常规、勇于开拓、善于把握机会的人，才可能成为财富的主人、市场的驾驭者以及最后的成功者。

【故事链接】

汪拱乾幼时家境贫寒，很小就按当地风俗外出经商。他不仅头脑灵活，擅长财务会计，而且富有见地。他经商很有手段，所收购的货物都是别人以为无用、丢弃或低价处理的，收购之后存储仓库中，不久这些东西成为市场紧缺的商品，价格迅速提升，于是他便倒手出卖，往往获利几倍。他利用这种方式经营，资产是越积越丰厚，可算腰缠万贯了。

【延伸阅读】

1973年，美国吉列公司在市场调查中发现，在被调查的8360万名30岁以上的妇女中，大约有6490万人为了自身美好的形象，要定期刮除腿毛和腋毛，在这些妇女中，除约有4000多万人使用电动刮胡刀和脱毛剂外，有2000多万人主要是通过购买各种男用刮胡刀来美化自身的，一年的总费用高达7500万美元。于是，以生产安全刀片而著称的吉列公司在1974年作出了一个"荒唐"的决定，推出面向女性的雏菊牌专用"刮毛刀"，同行都以为吉列发疯了。事实证明，吉列的决策是正确的，雏菊牌专用"刮毛刀"畅销全美国，销售额已达20亿美元的吉列公司又发了一笔横财。

吾虽未读书,独不闻"愚而多财则益其过"乎?

【译注】

独:唯独,仅仅。 益:补助。

我虽然没有读过书,但怎能不知道"愚昧无知却金玉满堂就等于是在增加自己的过失"这个道理呢?

清光绪年间,汪肇基在外经商10余年,赚了不少钱,满载而归。乡里人劝他为子孙后代考虑买进良田,汪肇基作了如上回答,并把钱财拿出来周济乡邻,一部分钱财给一对无依无靠的同族老夫妇养老,拿出一部分钱财助穷人王某完婚。凡是没有经济能力办理丧事需要扶助的贫困家庭,或遇到灾害需要救灾等情况,他都毫不吝啬,慷慨捐资。这样,直到60岁的时候,汪肇基家里仅有几亩薄田。

辑自光绪《婺源县志》卷35《人物·义行》。

【感悟】

钱本身没有错,有能力用正当方法赚钱是好事,可是把钱用在不同的地方,结果则有天壤之别。作为父母,一定要清醒地认识,给孩子过于丰厚的物质享受等同于让孩子吸食毒品。孩子会在不知不觉中对物质有依赖,而想要摆脱这种依赖如同登天一样难。父母应该给孩子有节制的物质生活,以培养孩子自理、自立的能力,才是对孩子真正的爱。

【故事链接】

疏广,字仲翁,西汉名臣,东海兰陵人,从小好学,精于《论语》、《春秋》。疏广及其侄子疏受分别担任过汉宣帝的太子太傅、太子少傅。两人一同告老还乡时,宣帝赐给他们黄金20斤,皇太子赠给他们黄金50斤。回到家乡后,叔侄两人变卖金子,置办酒食,请亲戚朋友同享皇帝的恩赐。有人劝疏广用这些黄金为子孙购置产业。疏广说:"我并不是老糊涂了,也不是不顾念子孙,只是家里本有旧田老宅,我是想让子孙们在自家的土地上勤劳耕作,过普通人的生活。如果我用这些金钱为他们增加财富,只会使他们懈怠懒惰!贤能的人,财产多了就会减损他们进取的意志;愚笨的人,财产多了就会助长他们骄奢淫逸。"

【延伸阅读】

《汉书》中有这样一句话:"遗子黄金满籝,不如一经。"意思是说,留给子孙满箱黄金,不如教会子孙一本经书。当然,这里的经书是指知识、做人的道理等。做人是做一切事情的基础,小到一个家庭,大到一个国家,其兴衰根本在人。清朝民族英雄、禁烟大臣林则徐曾讲过:"子孙若如我,留财做什么,贤而多财,则毁其志。子孙不如我,留钱做什么,愚而多财,益增其过。"意思是无论子孙能力如何,我都不把钱留给他们,如果是贤良的子孙,钱只会让他们丧失志向;如果是愚笨的子孙,钱只会增加他们的过失。华人首富李嘉诚在谈到子女教育时说:"99%是教他们做人的道理,孩子们长大了,也是70%教如何做人,30%教如何做生意。"由此可见,父母一定要注重孩子的品德教育,教孩子与人相处之道,帮助孩子树立远大的理想,生活中培养孩子各方面能力,这些才是以后致富创业的源头活水。

【原文】

> 人生进不得逢时取尺寸之勋,退而窜状草野贫窘没齿,安可比丈夫哉!

【译注】

逢时:遇上好时运。 勋:特殊功劳。 窜:放逐。 状:动词、形容词等前面作状语,〈表〉状态、程度、时间、处所等。 草野:喻指民众、乡间。 贫窘:贫困窘迫。 没齿:终身、终生。安:表示疑问,相当于岂、怎么。

人的一生如果得意时却不能遇上好机会谋取一官半职,失意时又辗转流落乡间,终身贫穷困苦,怎么能够算是男子汉大丈夫呢!

这是歙县方汝梓外出经商之前所发的感慨。后来,方汝梓与其弟经商于青、齐、梁、宋之间，根据形势"转徙积贮"，把商品贩运和商品囤积活动结合起来，结果生意越做越大、资本越积越厚。

辑自《方氏会宗统谱》卷19《环墅方君行状》。

【感悟】

古人说:富贵如刀兵戈矛，稍放纵便销膏靡骨而不知;贫贱如针砭药石，一忧勤即砥节砺行而不觉。只有凡事小心谨慎、如临深渊、如履薄冰，才能高瞻远瞩，运筹帷幄。当事业高歌猛进时，保守稳重，处进思退;当事业陷入危机与低谷时，却要积极进取，争取再创辉煌。所以，对于经商者来说，既要享受成功的喜悦，又不能沉溺于成就感里而忘乎所以;既要懂得居安思危，又要不忘奋发进取。

【故事链接】

1960年，美国吉列公司的"超级蓝光"正式投放市场。仅仅两年之后，"超级蓝光"就为公司创利约1500万美元，这个数字达到了公司利润总额的三分之一。虽然说"超级蓝光"的效益十分看好，但也存在着缺点，其中最大的缺陷就是材质。"超级蓝光"是用碳素钢做成的，因此才具有薄而锋利的特性，但这也导致了"超级蓝光"不耐用。当"超级蓝光"刚刚上市的时候，已经有消费者就这个问题向吉列公司进行了反映。然而，公司高层没有重视消费者反映的信息，更没有采取必要的措施，因为从整个销售市场来看，"超级蓝光"销量极佳，这种反映也就如蜻蜓点水一般，很快被遗忘了。

1961年，剃须刀的制造工艺领域内出现了一场具有划时代意义的革命——英国的威克逊公司在世界上第一次采用不锈钢材料制造剃须刀片获得成功，推出了人类有史以来第一把不锈钢剃须刀片。

不锈钢刀片的异军突起，给吉列拉响了警报。显然，不锈钢刀片市场份额的继续扩大，严重影响了吉列的市场地位。此时，吉列公司如立即推出自己的不锈钢刀片，这样不仅可以满足吉列已有的广大市场，并且不需要太多的促销费用。但这样做，将会对"超级蓝光"的市场造成强烈冲击，甚至放弃"超级蓝光"，这需要很大的决心和勇气。吉列的决策者们经过分析，错误地认为自己在刀片市场的地位不会被动摇，于是，他们不理睬不锈钢刀片，全力巩固"超级蓝光"的市场地位。事实证明，这是一个极端错误的决策。

在吉列的决策作出后不久，事态的发展便急转直下，令吉列的决策者们瞠目结舌。不锈钢刀片在市场上的销售势头空前凶猛。完全剃刀公司和精锐公司充分利用吉列无动于衷的大好时机,投入巨额促销费用,大力宣传不锈钢刀片的经久耐用、物美价廉,使不锈钢刀片的销售不断升温。在强大的促销攻势下,吉列的新老顾客纷纷投入了不锈钢刀片的怀抱。吉列的"超级蓝光"碳钢刀片的销售量急剧减少,市场份额也降至吉列有史以来的最低点。

【延伸阅读】

徽商大多小本起家,经过一二十年的奋力拼搏,积累起一定的资本。其中的艰难困苦是难以言说的。有的人甚至干了一辈子,留给第二代的也仅仅是个小摊子,但他们的第二代继承父业,在原有的基础上将父业发扬光大。

【原文】

> 人弗克以儒显,复何可以雄视当世?

【译注】

弗:不。 克:能。 显:显赫,显达。 复:又,再。 雄视:称雄,压倒。

一个人如果不能通过读书做学问来取得显赫的地位,又怎么能够称雄于世呢?

以上是明嘉靖年间婺源李大鸿向伯父和叔叔们抒发的感慨。李大鸿幼年丧父,失去依靠,无法完成学业,在外出经商之时,仍有未能实现远大抱负之遗憾。经商成功后,成为巨商大贾。

辑自婺源《三田李氏统宗谱·恩授王府审理正碧泉李公行状》。

【感悟】

徽商贾而好儒,他们有一个非常积极的理念,就是"富而教不可缓矣"。在他们看来,自己过去未能读书入仕,是因为没有经济条件,不得不去经商。一旦经商致富,就一定想方设法培养子弟读书,他们认为只有子弟做官入仕,才能光宗耀祖。所以他们总是迫不及待地聘请名师教育子弟,不少徽商的第二代从此走上仕途。这种思想理念对今天走入商品经济大潮后逐渐富裕起来的人们仍有启示意义。

【故事链接】

去过歙县的人无不惊叹那巍峨的八脚牌坊,谁会想到牌坊主人许国也是徽商第二代。许国起初家中很穷,母亲力劝其父经商,没有资本,就将嫁妆卖掉。于是许国父亲来到苏州,"率三数年或八九年一归,归席未暖复出"。稍富后即供养许国读书。后又值家难,资产尽倾。父亲于是在家乡开一小店,艰难度日。这时许国已是秀才,稍稍能以讲业自给。许国后来数举不第,父母仍不灰心,继续鼓励他拼搏,后中举人,明嘉靖四十四年(1565年)许国中进士,可父母已相继辞世。许国后来为内阁大学士、礼部尚书,徽商的第二代终于成了朝廷高官。

【延伸阅读】

明清时期,"天下书院最盛者,无过东林、江右、关中、徽州"。在清初,徽州书院多达54所。有的家族明确规定,对族中聪颖好学的子弟,无力从师者,必须给予资助,并将此列入家典,世世遵行。在这种重视教育、重视人才培养的风气下,徽州出现了大量人才。清代各省状元人数,安徽居第三位,有9人。安徽八府五州中徽州一府便占4人。黟县西递村在道光年间仅胡氏一族入仕途者就有115人,廪生、贡生、监生共298人,可谓显赫一时。据不完全统计,明清两代徽州人中进士542人,举人多达1513人。"连科三殿撰,十里四翰林","一门九进士,六部四尚书"、"父子宰相"、"四世一品"者并不鲜见。

徽商除积极培养子弟读书进仕以外,还热衷于藏书、刻书等文化活动。乾隆年间编纂《四库全书》,令天下献书,其中献书最多的4个人中,有3个人就是徽商。

【原文】

学贵自修,非专为名尔,惟勤励俟命,吾不以利钝责汝也。

【译注】

自修：自身思想修养，自我能力强化。 专：单纯、独一。

勤：做事尽力，不偷懒。 励：勉力，努力。 俟命：等待命令。

利钝：胜败，偏指失败。

做学问贵在自我修养身心，不是仅仅为了博取好的名声，只要你勤勤恳恳勉励而行，我不会因为最终的失败而责备你。

这是明成化年间歙县汪忠富在教导小儿子读书业儒时所说的告诫之语。

辑自《汪氏统宗谱》卷3《行状》。

【感悟】

缺乏事业至上、勤奋努力的精神就只有观望他人在事业上不断取得成就，而自己却在闲散和怨恨中消耗生命，甚至失去谋生之本。不管做什么工作，只有勤勤恳恳、积极努力，成功的机会才会来临。

【故事链接】

木商许尚质长年在云南、贵州深山老林中采木，历尽千辛万苦。为了教育4个儿子，他把自己平生艰难、辛苦创业经过写在石碑上，并竖在堂右，以示子孙。许尚质经商致富后仍念念不忘自己创业时的艰难，他告诉下一代：像我经商，如果害怕困难，则大势去矣，哪能挣钱挣得衣袋满满当当，更谈不上裕身肥家了，所以只有"苦其心志，劳其筋骨"，才能发家致富。

【延伸阅读】

美国伯利恒钢铁公司老板齐瓦勃出生于乡村，只受过短暂的学校教育。

18岁那年，齐瓦勃来到钢铁大王卡内基所属的一个建筑工地打工。一踏进建筑工地，齐瓦勃就抱定了要做同事中最优秀的人的决心。当其他人在抱怨工作辛苦、薪水低而怠工的时候，齐瓦勃却默默地积累着工作经验，并自学建筑知识。

一天晚上，同伴们在闲聊，唯独齐瓦勃躲在角落里看书。恰巧公司经理到工地检查工作，经理看了看齐瓦勃手中的书，又翻开他的笔记本，什么也没说就走了。第二天，公司经理把齐瓦勃叫到办公室，问："你学那些东西干什么？"齐瓦勃说："我想我们公司并不缺少打工者，缺少的是既有工作经验又有专业知识的技术人员或管理者,对不对?"经理点了点头。

不久,齐瓦勃就被升为技师。打工者中,有人讽刺挖苦齐瓦勃,他回答说:"我不光是在为老板打工,更不单纯为了赚钱,我是在为自己的梦想打工,为自己的远大前途打工。

抱着这样的信念,齐瓦勃一步步升到了总工程师的职位。25 岁那年,齐瓦勃已经坐到了这家建筑公司的总经理位置。

卡内基的钢铁公司有一个工程师兼合伙人琼斯,在筹建公司最大的布拉德钢铁厂时,发现了齐瓦勃超人的工作热情和管理才能。当时身为总经理的齐瓦勃,每天都是最早来到建筑工地。当琼斯问齐瓦勃为什么总来这么早的时候,他回答说:"只有这样,当有什么急事的时候,才不至于被耽搁。"工厂建好后,琼斯推荐齐瓦勃做了自己的副手,主管全厂事务。

几年后,齐瓦勃被卡内基任命为钢铁公司的董事长。后来,齐瓦勃自己建立了大型的伯利恒钢铁公司,并创下了非凡业绩,真正完成了从一个打工者到创业者的飞跃。

【原文】

有恒产五身至宝,无放心处世要言。

【译注】

恒产:泛指土地、田园、房产等不动产。 放心:这一概念由儒家亚圣孟子首先提出,出自《孟子·告子章句上》,原话为"学问之道无他,求其放心而已矣",意思是学问之道没有别的什么,不过就是把那失去了的良心找回来罢了。孟子认为,人们饲养的家禽家畜丢失了,都知道要去把它们找回来,人的良心丢失了,也应该积极主动地去找回来,恢复心中的善性。孟子把这种方法叫做"求放心"。

拥有万贯家产,这是人生在世最为难得的物质财富;不泯灭自己的良心,这是为人处世的基本原则。

辑自黟县西递履福堂楹联。

【感悟】

命运送人礼物时，总是左手拿着成功，右手拿着失败。至于到底送出哪一样，决定于这个人是否以"不以胜为喜，不以败为忧"的积极心态来面对命运善变的脸色。创业者在顺境中要有积极的心态，在逆境中更应该有积极的心态。如果在顺境中没有做到有备无患、制怒、忍让而自爱，顺境很快可能就会转变成逆境；如果在逆境中能做到有决心、恒心、努力、宽容、无畏而快乐，逆境也会转变成顺境。

【故事链接】

程谨轩，又名程谨斋，清咸丰同治年间歙县人，早年背井离乡孤身一人来到上海滩谋生。一次，他在上海滩的街头偶然捡到一个钱包，里面装有巨额现钞和汇票，他没有将钱包据为己有，而是四处寻找失主，终于找到钱包的主人——礼和洋行的经理、一位德国人，程谨轩当即将钱包如数归还。德国经理接过失而复得的钱包，十分感激，要以重金酬谢，程谨轩坚辞不受。交谈中，德国经理得知程谨轩居无定所，便力邀程谨轩到礼和洋行工作。在礼和洋行，聪明能干的程谨轩凭着勤劳刻苦的精神赢得了德国老板的信任。第一次世界大战期间，礼和洋行有机会买进大量荒地，并赠予在礼和洋行身居要职的程谨轩。后来，地价飞涨，程谨轩遂成为上海巨富。

【延伸阅读】

在一次讨论会上，一位著名的演说家没说一句开场白，手里却高举着一张20美元的钞票。面对会议室里的200人，他问："谁要这20美元？"一只只手举了起来。他接着说："我打算把这20美元送给你们中的一位，但在这之前，请允许我做一件事。"说着他把钞票揉成一团，然后问："谁还要？"仍有人举起手来。

他又说："那么，假如我这样做又会怎样呢？"他把钞票仍在地上，又踏上一只脚，并且用脚蹍它。然后他拾起钞票，钞票已变得又脏又皱。"现在谁还要？"还是有人举起手来。

"朋友们，你们已经上了很有意义的课。无论我如何对待这张钞票，你们还是想要它，因为它并没有贬值，它依旧值20美元。人生路上，我们会无数次被自己的决定或碰到的逆境击倒、欺凌甚至碾得粉身碎骨，我们觉得自己似乎一文不值。但无论发生了什么，或将要发生什么，在上帝的眼中，你们永远不会丧失价值。在他看来，肮脏或洁净，衣着整齐或不整齐，你们依然是无价之宝。生命的价值不依赖我们的所作所为，也不仰仗我们结交的人物，而是取决于我们本身！你们是独特的——永远不要忘记这一点！"

【原文】

非诗书不能显亲,非勤俭不能治生,字虽小技,文人用之则大。

【译注】

显亲:使双亲荣显。　治生:经营家业,谋生计。

不通过读书获取功名就不能光宗耀祖,就像不勤俭节约就不能经营家业一样,辞章文字虽然是雕虫小技,但是有学识的文人运用辞章文字却能够成就大事。

这是歙县吴敬仲居家训诫子弟的话。

辑自《丰南志》第 5 册《从父敬仲公状》。

【感悟】

积沙成塔,集腋成裘,开源节流才能创大业。商人一般有两种心态:一种奢侈挥霍,视钱如泥沙;一种俭朴自守,希望一文钱掰成两半花。徽商大多数属于后一种。节俭的品格反映到生产经营管理中,就是对成本的节约,成本的节约就意味着产品利润空间的拓展、产品的市场竞争力增强。所以,节俭与成本会产生聚变效应,即节俭会最大限度地控制成本。

【故事链接】

2002 年 2 月底,美国《福布斯》杂志公布 2002 年全球富豪榜,沃尔顿家族 5 人的资产总值共上涨了 98 亿美元,创下 1029 亿美元的历史纪录,让世界首富比尔·盖茨也不得不刮目相看。而沃尔玛的创始人山姆·沃尔顿的节俭是出了名的。当《福布斯》宣布山姆为美国第一富翁时,那些追踪他的新闻记者发现,有亿万家财的他却驾着一辆老旧的货车,戴着印有沃尔玛标志的棒球帽,仍在小镇街角的理发店理发,在自家的折扣百货店购买便宜的日常用品,出差时总是尽可能在中档旅馆与他人共住一个房间,外出就餐也只去家庭式的小餐馆。

【延伸阅读】

　　徽州第一代商人大多一贫如洗，勤俭发家显得尤为重要。婺源李祖琚早年业儒，因生活贫困，弃儒就商，从事贩木。凡竹头木屑均舍不得丢弃，收集起来，各当其用，逐渐发家致富。既富，勤俭不减贫困时，每天粗茶淡饭，一件布衣穿了10多年，一双云履只在见客时穿。居室极简陋狭窄，也不新建，资金全部投入营运。富商大贾也以勤俭自律。歙县大盐商鲍志道拥资巨万，不事奢侈，家中不专备车马，不演戏，不豪宴请客。

【原文】

> 予兄弟幸和协，并力以图，犹可转败为攻，否则坐失时机，悔无及矣。

【译注】

　　幸：希望。　和协：和睦相处。　并力：合力。　图：筹划。
犹：还。　攻：通"功"，功绩。　无及：来不及。

　　希望你们兄弟之间能够和睦相处，团结一致协商谋划，这样才可能摆脱困境，取得成功，否则坐失时机，后悔也来不及了。

　　辑自《歙县新馆鲍氏著存堂宗谱》卷2《例授奉直大夫州同衔加二级鸣歧再从叔行状》。

【感悟】

　　古人说："二人同心，其利断金。"意思是说，如果彼此能够同心同德，做起事来就如同锋利的东西能截断金属一样。只有团结一致，齐心协力，才能克服困难，把事情做好。

【故事链接】

　　清同治九年(1870年)，采芝斋创始人金荫芝，以500个铜元在苏州观前街洙泗巷口设摊起家。光绪十年（1884年），正式赁屋开设采芝斋茶食糖果店。经过半个多世纪的苦心经营，到1928年，传到第三代金宜安、金杏荪、金岳石、金锡山的手里时，已是三楼三开间的门面，资力雄厚，闻名遐迩，成为苏州城内数一数二的名牌老店了。

采芝斋第三代店主金宜安，生于光绪二十年（1894年），深得祖父金荫芝和父亲金忆萱的欢心。1924年，父亲金忆萱去世前立下遗嘱，将采芝斋分成6股：即4个儿子金宜安、金杏荪、金岳石、金锡山和孙金培元、金冬元各得1股。其中孙子的2股，自然由金宜安代管。这样，金宜安实际掌管3股，占采芝斋总资产的一半。到了1927年7月，金荫芝感到自己年老体弱、来日无多，恐子孙今后在产权上发生争执，又特地立下遗嘱，指定长孙金宜安为采芝斋经理，并将采芝斋招牌的所有权也归金宜安所有。

在此之前，1923年，金宜安已在观前街91号开设悦采芳糖果店。1927年左右，又在观前街宫巷口开设悦采芳分店。1933年，又去上海浙江路开设悦采芳苏式糖果店。这其间，因一人身兼几家糖果店的经理，有些照顾不过来，因此在1931年决定将采芝斋的牌号和经营权出租给胞弟金杏荪、金岳石和金锡山。而采芝斋的实际经营业务由金杏荪负责。

1940年前后，金宜安见采芝斋因是名牌老店，生意特别兴旺，利润丰厚，决定收回采芝斋的招牌和经营权，但遭到金杏荪等人的拒绝。于是金宜安擅自将采芝斋的招牌摘下来，挂到自己开的悦采芳门前，同时又向法院提起诉讼，一时轰动苏城。

最后，虽然金宜安胜诉，把采芝斋的招牌和经营权夺了回来，但在这一场官司中，双方都花费了大量的金钱和精力，不仅亲兄弟变成冤家对头，采芝斋也变得外强中干，一蹶不振。特别是金宜安，精神上受到很大打击，从此终日闷闷不乐，短短两年的时间就离开了人世。

【延伸阅读】

范蠡在陶的时候，生了一个小儿子，一直宠爱有加。小儿子长大后，范蠡的二儿子在楚国杀了人，将要被杀头。范蠡准备让小儿子带黄金千镒前往营救。为了避人耳目，千镒黄金装在一个旧坛子里，用牛车拉送。就在临行前，范蠡的大儿子对小儿子产生了强烈的嫉妒。他对范蠡讲：家中出了这么大的事情，我是老大，前去解救天经地义，父亲却让不谙世故从小挥霍成性的弟弟去，这对自己是莫大的不信任！言罢竟要挥剑自杀。范蠡无奈，只得让他前往，嘱咐他把千金和一封书信带给自己在楚国的老朋友庄生，其他就什么也不用管了。

老大到楚国见到了庄生，按照父亲的嘱托留下了千镒黄金和书信，庄生告诫他即刻离开楚国。但大儿子见到庄生的家里一贫如洗，于是心生疑团。他没有即刻离去,却留了下来,暗中窥测着庄生的行动。他见庄生无意动用那千镒黄金,便认为他是"拎着猪头却找不到庙门"——没有门路,便亲自探路贿赂其他的官员。但他不知,庄生虽然贫穷,但在楚国却有着极高的地位,连楚王都尊他为老师。他无意动用范蠡的黄金,打算事成之后悉数归还。庄生见到楚王,说夜观天象不利于楚国,劝楚王行仁政,大赦全国。楚王当即答允,次日便封存国库,防止百姓因听说大赦而故意违法犯罪。

这时,大儿子也听到了大赦的消息,便认为这黄金千镒肯定是做了"无用功",思来想去,心里难以平衡。最后他竟找到庄生,言说楚王大赦全国一事,言下之意是想索回黄金。庄生二话没说"完璧归赵"。大儿子一时得意万分,自以为人财两全。没有想到的是庄生深感耻辱,便再见楚王,一番陈词:"我听百姓议论,都讲陶朱公的儿子犯了杀人之罪,他家里人用重金贿赂大王的大臣,大王此次大赦,并非为了楚国,而是为了陶朱公的儿子"。楚王大怒,下令先杀了范蠡之子,再进行大赦。

大儿子最终带着黄金和弟弟的尸首回到了陶。家中亲戚哀伤不已,唯独范蠡仰天大笑,说道:"我让老大去营救的时候就知道会是这样的结果了。他并非不爱自己的弟弟,只不过从小经历过苦日子,知道钱财得来不易,所以难免舍不得。而小儿子生下来时家中富足,不知道钱财得来不易,所以能一掷千金。我之所以不让他去,就是因这个缘故。而老大终究不能从心里放下钱财,最终害了弟弟。这也是理之必然,无可奈何啊!"

【原文】

财自道生,利缘义取。陶朱公、秦青等数辈何在?

【译注】

缘:来自。 取:获取,取得。 秦青:古代传说人物,战国时秦国人,善歌,以教歌为业。据《列子·汤问》记载,秦青曾收薛谭为徒。薛谭未尽得其艺欲辞归。秦青没有阻止他,送行至郊外,别时引吭高歌,"声震林木,响遏行云"。薛谭听了后便向秦青道歉,并返回继续学唱,终身不敢言归。这说明学习必须虚心、持之以恒,不能骄傲自满、半途而废。

开发财源要通过道义的手段,获取利益要通过合法的途径。

不会把陶朱公、秦青这些仁人义士的志趣和风范忘记了吧?

这是李大嵩告诫跟从他学商的人所说的话。

辑自《三田李氏统宗谱·环田明处士李公行状》。

【感悟】

"以仁义求富贵,富贵后施仁义"是商人追求的理想境界,义利合一的传统思想也是很多徽商成功的主要原因之一。义需要诚信,这才是真正的智慧;而利令智昏,使巧弄诈,被小利所迷惑,只见其利而不知其害,最终将会因福得祸,悔之晚矣。

【故事链接】

清代婺源詹谷在崇明岛替江湾某业主主持商务,时值业主年老归家,詹谷克难排险,苦心经营,终获厚利,然而却不存半点私心。其后业主之子来到崇明岛承接摊业,詹谷将历年出入账簿尽数交还,他的"涓滴无私",令当地人无不叹服。

【延伸阅读】

犹太小伙子罗斯曼大学毕业后在一家外贸公司工作,由于工作出色,很快被公司提升为负责与法国贸易的主管。这年,罗斯曼和法国一家大公司有个合作项目。经过艰苦的谈判,双方都求得了自己要求的利益,达成了一致协议。为了表示对这个项目的重视,法国公司的市场部主管亲自来以色列签约。在签约之后,双方很快进行了交易。可事后,公司的财务部给罗斯曼传来信息,说是公司账上多了5000万法郎,要求他查清楚。罗斯曼非常重视,并着手调查。他发现这5000万法郎是法国公司由于某种原因造成的一个失误。罗斯曼立即打电话联系法国公司,随后亲自带着款项到法国问询这个问题。法国公司对罗斯曼的这一举动很感动,看出了罗斯曼的诚信和不取不义之财的人品,看出了罗斯曼所在公司是值得合作的伙伴。为了表示感谢,法国公司主动把合约条款放宽松了很多,给罗斯曼公司每年增加了200万美金的收益。

【原文】

近膏者润，独不有蒉然不受染乎？

【译注】

膏：脂油。　蒉（kuì）然：静静地不动。

人们常说，身居肥缺官职的人一定会活得很滋润，难道就没有见到金钱财物不动心、不受污染的人吗？

明嘉靖万历年间，休宁汪良举家几代为淮扬盐商，生意做得很大。后因政绩卓著，汪良举入仕，升滇南白盐井提举，专管滇南盐务。其下属都从商家那里想法多收一点，给汪良举进贡，汪良举面对白花花的银子并不动心，笑着说："近膏者润，独不有蒉然不受染乎？"他下令杜绝这类馈送，让灶户们宽松地生产，让盐的运销趋向正常，对盐务做了一些改革。汪良举因为世代盐商出身，熟知盐课利病症结所在，不到数月，盐灶、盐商们都为盐务的整治而万分高兴。后来汪良举卸任归里，行前囊中仅俸钱百余缗而已。

辑自《休宁西门汪氏宗谱》卷6《提举良举公墓志铭》。

【感悟】

大多数徽商能够"以德为本"，他们的每一言、每一行、每一个举措，首先考虑的是怎样让利于百姓，并满足顾客的各种需要。由于一贯恪守商业道德，经过几代人的努力，徽商和他们的商号在百姓的心中树起了丰碑。

【故事链接】

清代徽州典商毕周通笃守信用。毕周通的邻居王某病重，儿子王喜尚且年幼，于是请毕周通至榻前，将60两银子交给他，请他为王喜保存供日后使用。毕周通回家，在一个特立的账本上详细记下了王某交付银两的时间和数目。王喜长大后，生活贫困，打柴为生。毕周通感觉到王喜已经可以自立了，于是摆下酒宴，请王喜和他的叔叔来赴宴。席间，向他们出示了当年的账簿，把60两银子及

多年的利息一并奉上。

【延伸阅读】

　　祁门汪献洋,在江淮间奔波做生意,积了千余金资产,却都被赣、渝一带的百姓借贷去了。在大灾之年,赣地的贪官污吏竟乘机盘剥百姓,"垂楚其民",百姓在天灾人祸中活不下去了,四处逃亡,有一半人口流亡外地。汪献洋见此惨状,说:我要是再去追讨那些贷债,那不是给灾民雪上加霜吗? 我可不愿助纣为虐!汪献洋当即将满满一箱子贷卷全烧了,空手回了家。

【原文】

> ## 无以委琐混而翁。

【译注】

　　委琐:指细碎琐屑之事物。
　　不要整日无所作为、庸庸碌碌地混到老。
　　这是吴希元对晚辈的告诫之语。
　　辑自《丰南志》第 5 册《从嫂汪行状》。

【感悟】

　　一个人活在世上,如果成天碌碌无为、无所事事,那么对于他人和社会来说,他的生命不会比一片枯黄的树叶、一只微不足道的蚂蚁更有意义。即使是他本人也会感到生活空虚无聊,没有意义。

【故事链接】

　　巴菲特十二三岁时,每天早上 5 点钟就起床,坐第一班公交车到威斯切特社区送邮报。如果他晚到了,好心的公交车司机会多等小家伙一会儿。他的公交月票卡编号总是 001 号,因为他总是第一个去买。下午放学后,再坐公交回家,骑上自行车,到春谷社区接着送晚星报。每天两趟,风雨无阻,一天要送500多份报纸。巴菲特报纸越送越老练,生意也越做越精。送报时顺便推销日历,还会问人家有没有过期的杂志,他帮忙回收。当时二战期间纸张紧缺,有些人把旧杂志扔在楼梯拐角,巴菲特就拿走,顺便义务做清洁。卖废纸之前巴菲特会一本本检查杂志上的标签,看什么时候订阅到期,然后记在一个本子上。他一户户做好记录,一看哪一户订期快要结束了,就去敲门推销新杂志。推销出一份杂志,可比送一天报纸挣钱多。

【延伸阅读】

在给子孙留什么的问题上,历来有两种不同的观点和方法:一种是注重清廉和才智,教育子孙从小树立崇高理想,做一个自立自强、有益于国家和人民的人;一种是给子孙留下大量财产,让他们坐享其成。

在我国历史上,许多贤臣名相、清官廉吏在治家教子方面都很注重以身示诚,立之以规,喻之以理,教之以严,留下了许多宝贵的精神财富。东汉时期的杨震官至太守,子孙常粗食步行,有人劝他分些财产给子孙,杨震却说,让他们具备清廉之德,这就是最重要的"家财"了。

清乾隆年间,郑板桥为官清廉,罢官归里时是"宦海归来两袖空,逢人卖竹画清风"。他对子女要求十分严格,常对儿子说:"可于课余之暇,命农工导之家稼学圃","不能积造孽钱以害子孙"。郑板桥在弥留之际,叫儿子亲自做几个馒头给他吃,当儿子做好馒头端来时,他却已咽气。儿子悲痛欲绝,忽见茶几上有一纸遗言:"淌自己的汗,吃自己的饭,自己的事自己干,靠天靠地靠祖宗,不算是好汉。"儿子热泪盈眶,顿时明白了父亲要他做馒头的良苦用心。

【原文】

人生行乐耳,斗功名于鼠壤,驰日月于驹隙,终何益哉!

【译注】

鼠壤:鼠穴之土。作宾语、定语,指坏人聚集的地方。　驰:驱车马追逐。　驹隙：比喻光阴容易消逝。　终：老的时候。

没有主见的人，他的人生就会像一场自娱自乐的游戏，混迹于小人聚集之地争夺功名，不珍惜短暂的光阴，虚度时光，这样最终有什么好处呢？

吴季常雅好诗书，对经商失去兴趣，想从商事中完全脱离出来。

辑自《丰南志》第4册《季常吴次公六十序》。

【感悟】

自我控制很难做到，但却很有必要。如果不能征服自己，就会被欲望征服，从而虚度光阴。所以必须节制自己的欲望，才能不虚度光阴，活得充实。

【故事链接】

明成化弘治年间，歙县江才因3岁丧父，家道中落，无以为生。13岁时，他不得不随着哥哥在家乡靠帮人杀猪卖肉谋生并奉养母亲。

后来兄弟两人觉得这样不是办法，看到别人出外经商挣钱，于是也想走经商之路。他们好不容易凑足了盘缠，来到杭州，先在人家铺子里打杂，边打杂边学习如何经营。一段时间后，两人有了点积蓄，便开了一个小杂铺，出售米、油、盐等杂货。

尽管两人省吃俭用，努力经营，但是毕竟是本小利微，一年到头，所获利润还不够奉养家人。两人感到很苦闷，常常相对哀叹。江才更是觉得困守这个小杂铺没有出头之日，他决定再出去闯闯。

于是他告别哥哥，横渡长江，顺着大运河北上，到达山东一带。在那里，他首先摸清市场行情，了解哪些商品在市场上紧缺，审时度势，然后把握供需状况。为谋取厚利，他利用季节差价和地区差价，大搞贩运活动。这样一来，江才逐渐走向成功，资本越积越多。当他40岁时，已经成了腰缠万贯的大商人了。

【原文】

子代父劳分也，敢不黾勉从事。

【译注】

黾勉从事：努力工作。

做儿子的就应当代父分忧解难，我怎么敢不努力工作呢？

方道容的父亲命他从商，方道容作如上回答。

辑自《方氏会宗统谱》卷19《松崖方公行状》。

【感悟】

徽商对后代的教育注重言传身教，尤其重视后代的品德养成。他们将自己创业的艰难拿来教育下一代，对下一代造成了潜移默化的影响。徽商这种教育理念对我们今天的家庭教育也有启示意义。

【故事链接】

被称为"保险业怪才"的克里蒙·史东是联合保险公司的董事长，他幼年丧父，靠母亲替人缝衣服维持生活。为补贴家用，史东很小就出去贩卖报纸。

一次，小史东走进一家餐馆卖报纸，被老板赶了出来。但他乘餐馆老板不备，又溜了进去卖报。气恼的餐馆老板一脚把他踢了出去，可是史东只是揉了揉屁股，手里拿着更多的报纸，再一次溜进餐馆。那些客人见史东小小年纪竟有这种勇气，劝老板不要再撵他，并纷纷买他的报纸看。史东的屁股被踢痛了，但他口袋里却装满了钱。面对困难不屈，不达目的誓不罢休，史东就是这样的孩子，成人后也依然保持这份执着。

上中学时，史东开始试着去推销保险。他来到一栋大楼前，当年贩卖报纸时的情形又浮现在他的眼前。他一边发抖一边不停地安慰自己："如果你做了，不但没有损失而且可能有很大的收获。那就放手去做！马上就做！"史东鼓起勇气走进大楼，"如果被踢出来，就像当年卖报纸被踢出餐馆一样，再试着进去"。但是这次他没有被踢出来。每一间办公室他都去了。他的脑海里一直想着："马上就做！"当每一次走出一间办公室而没有收获时，他就担心到下一个办公室会碰钉子。不过，史东还是毫不迟疑地强迫自己走进下一个办公室。这一天，有两个人向他买了保险。第二天，他卖出了4份保险。第三天，6份。未来的"保险业怪才"史东的事业在艰难中启动了。

刚刚20岁的时候，史东就创建了只有他一个人的保险经纪社。开业的第一天，他就在繁华的大街上销出了54份保险。史东有个令人几乎不敢相信的纪录，一天120份保险。以一天工作8小时计算，每4分钟就成交一份保险业务。1938年底，风华正茂的克里蒙·史东成了一名拥有百万美元资产的富翁。

【延伸阅读】

明清徽州宗族教育是以振兴宗族为最终目的的。当时,从宗族的视角来看,读书绝非纯粹的个人行为,而有着振兴宗族的重大意义。徽州宗族将振兴宗族的希望寄托于子弟读书上。体宁《梅林汪氏族谱》中写道:"读书期于用世,非为荣其身,增辉其族党也。"

在教育中,徽商注重因人制宜,不强求。徽商的第二代之所以比较成功,就在于父辈尊重儿子的兴趣和资质,尊重他们自己的选择,并不强求他们一定要干什么。徽州有一副楹联:"创业难,守成难,知难不难;读书好,营商好,效好便好。"这充分反映了徽商非常注重实"效",只要"效"好,经商、读书、从艺,皆予支持。正因为如此,第二代中既产生了富甲一方的大商人,又出现了学富五车的大学者、声名遐迩的名医及艺术家。

【原文】

> 且天之生人,岂使之暇逸欤? 贫贱忧戚所以玉汝于成也,吾之焦神极能又胡不可哉?

【译注】

暇逸:闲散安逸。 欤(yú):文言助词,表示疑问、感叹、反诘等语气。 忧戚:忧愁悲伤。 玉汝于成:爱你如玉,帮助你,使你成功。常省作"玉成",多用于艰难困苦条件下得到帮助。 玉汝:像爱惜玉一样爱护、帮助你。 焦神:劳神,烦心。胡:通"何"。

上天造就了人,难道是让人闲散安逸的吗? 贫贱也好、忧伤也罢,上天无非是通过磨炼人的意志来帮助人,使人成功,所以我劳心伤神又有什么不好的呢?

明代歙县许莲塘平日生活节衣缩食,把经商挣的钱给兄弟们作读书的学费,有人问他为什么让兄弟们过得宽裕富足、悠闲自得,而自己呕心沥血、劳心伤神? 许莲塘说,汉代良相陈平之所以能够学成相业,乃是因为他有个哥哥陈伯承担了一切家事,让陈平得以优游自得地游学。对于自己的辛劳，许莲塘作如上感言。

辑自歙县《许氏世谱》第5册《明故处士莲塘许君行状》。

【感悟】

天底下哪有不劳而获的东西。唯　功的果实。有肯付出血汗与时间的人，才能享有成

【故事链接】

农夫临死时，把两个儿子都叫到身边，说道："我就快要死了，我只有一份遗产送给你们。我将那些金银财宝埋藏在家后的那块葡萄园下。等我死后，你们只需轻轻地翻翻土，就可以找到它了！"

农夫死后，儿子们各自拿着锄头到葡萄园，到处挖土找宝。但是，挖遍了葡萄园，仍没找到父亲所说的"金银财宝"。但是，由于他们天天翻土，土壤肥沃起来，当年的收成比往年多了数倍。

这时，儿子们才明白父亲所指的"金银财宝"。

【延伸阅读】

美国有一个农场主，为了方便拴牛，在庄园一棵榆树的树干上箍了一个铁圈。随着榆树的长大，铁圈慢慢地长进了树身里，榆树的表皮留下一道深深的伤痕。

有一年，当地发生了一种奇怪的榆树病，方圆几十里的榆树全部死亡，唯独那棵箍了铁圈、留下深深伤痕的榆树却存活下来。植物学家对此产生了兴趣，结果发现正是那个给榆树带来伤害的铁圈救了榆树，是榆树从锈蚀的铁圈里吸收了大量的铁，所以才对真菌产生免疫力。

不仅是树，人也是如此，伤害有时会成为一道养料，让生命更坚强。

【原文】

> 刑法至重，鞫讯维严，哀矜勿喜，汝为司属，宜弹心明慎，无偏执，无租鳐，务期研求再四，而后安。

【译注】

鞠讯：审讯。鞠，通"鞫"。　维：用于句中，帮助判断。　哀矜勿喜：指对遭受灾祸的人要怜悯，不要幸灾乐祸。哀矜，怜悯。

殚心：竭尽心力。　明慎：明察审慎。　袒鰩（tǎn yáo）：看重，突出。袒，不公正地维护一方。　研求：研究探求。

刑法事关重大，所以审讯要严，对遭受刑罚的人要怜悯，不要幸灾乐祸，你作为司法的人，应当竭心尽力，明察审慎，不能有偏见，不能袒护一方，一定要经过反复研究和思考，之后才作出合理的决断。

清代汪应庚的儿子拜官授职刑部湖广司郎中，汪应庚寄信告诫儿子为官之道。

辑自《汪氏谱乘·光禄寺少卿汪公事实》。

【感悟】

司法自古以来就是人类社会中的重要领域之一。社会的繁荣与衰败，在一定程度上也都与司法有着千丝万缕的联系。而明清时期的徽商要自己的子孙在为官时体恤民情、勤政清廉，不要"营财贿"、不要"跻显位，致多金"，表现了徽商的立世准则和儒贾情怀！

法官是个受人尊敬的职业，然而法官也可以是个得罪人的职业，关键就在于法官的态度。法官不是机器，除了做到客观公正之外，同情心也是不可少的。同情心并不表示应该因主观意愿而改变判决结果，然而如果没有这种同情心，真正的客观公正其实很难做到，有些案件其实是可以双赢的，并非意味着一方受益而另一方只能受损，但如果没有同情心，则很难找到双赢的办法。

【故事链接】

孔子弟子子羔曾经在卫国做法官。一次，在处理一个案犯时，子羔以仁恕之心，免去了其死刑，只判处刖刑（砍脚）。

后来，卫国发生内乱，子羔被追杀，准备往城外逃命，但这时城门已经关闭，而守着城门的人恰好是那个被子羔判罚刖刑的人。

被砍脚者对子羔说："那边城墙有个缺口，你从那里出去吧！"子羔说："君子不能翻墙走！"被砍脚者说："那边城墙下有一个洞，你就从洞中出去吧！"子羔说："君子怎么能从洞口中爬出去呢？"被砍脚者又说："那好，这边有一间秘密的小房子，你就进去躲一下吧！"

　　子羔躲进了小房子,追捕的士卒搜捕一阵后离去。夜半时分子羔从房中出来,对那个被砍脚的人说:"现在,我处在危难之际,正是你报仇的好机会,而你为何反而救我?"被砍脚者说:"你判罚我刖刑,是因为我违反了国家的法律,我是咎由自取、罪有应得,这是没有办法的事。您在审判我的时候,翻遍了法令,我知道那是您在寻找条文,想要让我免于受惩罚。当我被定罪、快要量刑的时候,我看到您闷闷不乐,您的脸色变得很忧愁。您哪里是对我有什么私人恩怨呢?您的仁慈天性,自然而然地在举动中流露出来。这是我之所以救您的原因。"

　　后来,这事被孔子知道了。孔子说:"好啊,这是正确执行刑罚的结果。如果在执行刑罚时,都能以仁爱之心宽恕那些认罪者,就在民众中树立了仁德。如果缺乏仁爱之心而滥施酷刑,就是在百姓中树立怨恨。能够以仁德之心而正确执行法律的,子羔算是一个啊!"

【延伸阅读】

　　法家主张"严刑峻法",要"乱世用重典"。法家还要求无论法律本身的善恶,即使法律是"恶法",也要一切以法律为依据和标准,不得有任何主观因素。儒家则拒绝承认"恶法"是法。儒家认为,刑罚的轻重要根据当时社会情况确定严宽。儒家还认为,刑罚尤其与执政者是有道还是无道有很大关系,"不能因为任何理由而藐视法律的尊严。"鲁国"三桓"之一的孟氏任命曾参的学生阳肤做主管刑罚的法官,阳肤向曾子请教。曾子说:"那些居于上位的人偏离了正道,百姓早就离心离德了。你如果体察他们的实情,就要多怜悯他们,而不应该因为惩罚了罪犯而自鸣得意。"孔子提出过宽猛相济思想,他说:"政宽则民慢,慢则纠之以猛;猛则民残,残则施之以宽。宽以济猛,猛以济宽,政是以和"。

　　现代政治文明所谓的法治,体现的是权利和责任的一致性,讲的是法律要有人道。法律制定的目的是为了规范权利的界限。所以相比之下,儒家的德治精神其实更接近现代法治文明,而法家所说的法治却是与现代政治文明南辕北辙、背道而驰。

三、忍辱负重，自强不息

【原文】

徽商不蹲家，经营走四方。

【译注】

辑自徽州民谣。

【感悟】

穷则思变，变则通，通则达。在当年的徽州，有"七山一水一分田，一分道路加田园"的说法，因为山地偏多，耕地偏少，乡民们因生活的压力而背井离乡，出外做生意。正是在这种地少人多、农耕环境恶劣的情况下，才迫使徽州人转变观念，开始走出去。人们以"徽骆驼"和"绩溪牛"来形容徽商忍辱负重、坚忍不拔的创业精神，以骆驼和牛来形容这些走出家乡四处经商的艰辛的创业者，而这种精神正是徽商创业成功的重要因素之一。

【故事链接】

歙县程世铎6岁时父亲就外出经商，很长时间音信全无。程世铎22岁结婚后，决定亲自出去寻找父亲。他先是在云南、贵州和巴蜀一带遍寻踪迹，可是几年下来一无所获。后来听人说父亲去了云南东川，程世铎于是风尘仆仆赶赴东川；到了东川，又听说父亲到别的地方去了，于是追踪到云南寻甸，还是没有找到；最后来到云南乌蒙才得到父亲的消息，找到了父亲。然而父子相见时，两不相识，双方互报籍贯、姓名和出生日期，才最终确定身份。父子俩扶持而归之日，距离父亲离乡已经21年了，而程世铎年已27岁。

【延伸阅读】

在徽州，流传着一个关于"记岁珠"的故事。

一对夫妻新婚3个月后，丈夫便背井离乡出外经营生意去了。妻子守在家里以刺绣养家糊口。每到年底就把积攒下来的零钱换成一颗珠子，取名"记岁珠"，用来记录丈夫离开以后的岁月。

春去秋来,花落花开,妻子年复一年地刺绣换珠,而丈夫一直音信全无。妻子没有等到丈夫回家,就因病离开了人世。

等到丈夫还乡的时候,妻子已经去世3年有余。丈夫打点遗物,发现"记岁珠"有20颗之多。

【原文】

丈夫贵立功名垂竹帛耳,岂必科目显哉?

【译注】

贵:重视。　垂:流传。　竹帛:古代写字用的竹简和白绢,借指典籍史册。意为建立伟大功勋,名载青史。　科目:通过科举取得的功名。

男子汉大丈夫应当崇尚通过建功立业来名垂青史,难道只有通过科举取得功名才能光宗耀祖吗?

休宁程良锡3次应武试,皆因故没有考中,于是作如上感言。后来他怀着"立功名,垂竹帛"的抱负,弃贾从戎,例授宣州卫指挥金事。

辑自《休宁率东程氏家谱》卷11《明威将军程天虎甫小传》。

【感悟】

俗话说:"好汉不怕出身低,行行都可出状元。"西方也有谚语说:"条条大路通罗马。"事在人为,只要问心无愧,每一种职业都可以功成名就,每种职业都可以造就杰出人才。

【故事链接】

明朝时,李魁在没有获得商业上的成功之前,家境十分贫寒,经常吃不饱、穿不暖。但是,因受到社会上轻视商人传统的影响,李魁迟迟没有做出经商的打算。眼看着家人跟着自己饿肚子,李魁百感交集,他想:我堂堂一个男子汉大丈夫,难道真的连养家糊口的钱都赚不到吗?经商一直是被文人雅士鄙视的行为,但是因为生活所迫,也只能走这条路了。有了经商的打算,李魁便与自己唯一的亲人——祖母商量。祖母虽然不愿意孙子去经商,但是除此之外又没有其他的办法,就只好同意了。然而,祖孙俩却为经商的资本发起愁来。家里是一点积蓄也没有,也没有什么值钱的东西可以换钱。于是,李魁决定把唯一的财产——自己家里的一间房子卖掉换取本金。但是,他家的房子已经十分破旧,与买主好说歹说换来 10 两银子。拿到这来之不易的本金,李魁热泪盈眶,下定了破釜沉舟的决心。

经过一番仔细的考虑之后,李魁决定去南京。于是,他便拿着这 10 两银子,草草地收拾了行李出发了。为了节省资金,李魁一路上风餐露宿、忍饥挨饿,连旅店都舍不得住,夜晚栖身于墙角处或是破庙之中。到南京之后,他依靠着仅有的本金起家,不怕辛苦劳累,生意终于有了起色,手里的钱也一点一点积攒了下来。就这样过了几年,他渐渐把小本生意做大,并最终能够买田置地了。

【原文】

闻贾由积纤而巨者,未闻委约趋侈而不反丧故有也。

【译注】

积:积累。 纤:一寸或一两的千万分之一。 巨:多,数量大。 委约:疲病穷困。 故有:通"固有"。

只听说过商人经商从小本起家,逐渐发展成为富商巨贾,没有听说过穷困的人追求奢侈享受却能够不花光所有家产的。

婺源李大鸿,资产达"上贾",他有感于扬州的奢侈,教育其管理人员所说的话。

辑自婺源《三田李氏统宗谱·恩授王府审理正碧泉李公行状》。

【感悟】

一个商帮的兴起，是从节俭开始的，而这个商帮能否持续发展下去，关键在于它能否坚持创业时的节俭精神，并将这一精神代代相传下去。在中国传统文化中，勤俭是最古老的训诫，"克勤于帮，克俭于家"、"历览前贤国与家，成由勤俭败由奢"、"不勤不得，不俭不丰"已成为创业者的座右铭。

《左传·庄公二十四年》中说："俭，德之共也。"将节俭视为最高的美德。隋朝王通在其《文中子·关朗》一文说"不勤不俭，无以为人亡也"，更将其列为成功之道。勤而且俭才能裕财致赢，否则，用之无节，犹如漏后不堵，必致财源流失。勤与俭，两者不可偏废，共同体现出徽商持家致富的经历。

【故事链接】

婺源徽商李祖记，早年业儒，因生活贫困，弃儒就商，从事贩木。凡竹头木屑均舍不得丢弃，收集起来，各当其用，逐渐发家致富。富裕后，他仍然一如既往地勤俭节约，其劲头丝毫不减当年贫困时，每天粗茶淡饭，一件布衣穿了十多年也舍不得添置新衣。所住居室既简陋又狭小，也舍不得新建房屋，资金全部投入商业营运。

【延伸阅读】

据记载，徽商治家多节俭，而喜欢积蓄财富。家产不丰者，每日仅吃两顿；富家吃三顿，但也只是薄粥，客人来了不请吃饭；家中也不备车马；妇女尤以节俭闻名，家虽富，但吃饭数月不见鱼肉，每天晚上纺纱织布，织机之声邻里相闻。富商子弟赴京赶考，身穿粗布短衫，赤脚穿草鞋走路，自携一伞，节省车马之费，初看以为农家贫寒之士，细细问来方知皆有千万金家产。

【原文】

丈夫志四方，何者非吾所当为？即不能拾朱紫以显父母，创业立家亦足以垂裕后昆。

【译注】

拾:拾取。 朱紫:古代高级官员的服色或服饰,即红色、紫色官服。拾朱紫比喻为官。 显:显耀。 裕:富足。 后昆:子孙,后代,后嗣。垂裕后昆指为后世子孙留下功业或财产。

男儿志在四方,有什么不是我应当做的呢?即使不能通过读书做官来光宗耀祖,也要通过经商发家为子孙后代留下家产。

明嘉靖万历年间,李大祈的祖辈、父辈均经商。他先读书,后害怕"堕先世业",于是转而经商,发此感言。

辑自《三田李氏统宗谱・环田明处士松峰李公行状》。

【感悟】

人生的路不只一条等着我们去开辟,做成一件事的方法也不止一种。西方谚语所说条条大道通罗马。也就是说,成功的路不止一条,达到同一目标可以有多种不同的方法和途径。选择哪条路,要根据每个人的条件,也要根据每个人的理想。理想各有不同,可能远大,可能难以现实,但有志者都牢记着"千里之行,始于足下"。崇高的理想,始于一步一个脚印地扎实努力,如此才能为"安身立命"追寻到一个根本、切实的道路。

【故事链接】

明代歙县江遂志,小时候家里很苦,他决定弃儒经商。他先是经商于北地(中国古代地名,北地郡其地域大致在今陕西、甘肃、宁夏一带),每天随身只携带一卷铺盖,舟车劳苦,风尘仆仆。然而不幸的是,一次,官府诬陷他逃税,没收了他的全部货物,致使江遂志一无所有,第一次经商失败。江遂志赤手空拳回到家以后,没有灰心丧气,经商之志仍然坚定,于是东山再起,再次"走豫章,至彭蠡",到江西南昌、鄱阳湖一带经商。不料,货船在江中遇到大风,翻了船,江遂志只逃得一条性命,空手而归。乡里的人都为他的经商命运叹息,第二次经商再失利。然而两次挫折都未能使江遂志丧失信心,他说:"时机不成熟,这点区区小事,难不倒我的"。虽年龄已50岁,江遂志仍不失信心,他总结失败教训,最后"作焚舟计,尽弃其产",变卖了所有家产,破釜沉舟,第三次出外经商。这一次他决定前往金陵淮扬一带,从盐业生意上打开出路,果然得以崛起,最后发家致富。

【延伸阅读】

　　在 1980 年的美国总统竞选中,里根以压倒性优势击败了对手吉米·卡特。吉米·卡特生长在美国一个偏僻的小镇。此前,他的家族成员没有人能完成高中学业,而他却上了大学,还转向了政治,并最终成为美国第 39 任总统。然而,连任的失败,又使他感到受到了莫大的耻辱。卡特说:"当我离开白宫的时候,我非常绝望,我从未料想到我不能连任。我把我拥有的一切,全部投到这一事业中,结果我发现自己在白宫的 4 年欠下了 100 多万美元的债务,没有任何办法偿还。"他打算搬回老家,但是那里没有工作机会。被迫搬出白宫后,卡特的心里十分失落。他说:"每个人都要准备迎接生活中的失败、失意、梦碎,甚至是羞辱。我们要准备好适应可能发生的一切。"在那段凄凉的岁月里,卡特的精神支柱只有稳定的家庭、故乡的朋友和他的宗教信仰。后来,他决定利用自己和妻子身为总统和第一夫人时累积的影响力,去了解世界上其他人所面临的问题。于是,他将注意力转向了疾病防治、住房短缺、发展中国家的民主选举等问题以及那些在他担任总统时没有特别关注的事情。这样,20 多年后,由于卡特在人道主义方面的贡献,他被授予了诺贝尔和平奖。人生经历的起起落落让卡特开始对成功重新作出定义。

【原文】

　　四业唯商最苦辛,半生饥饱几曾经;荒郊石枕常为寝,背负风霜拨雪行。

【译注】

　　士、农、工、商 4 种职业中只有商人最辛苦,半辈子里记不清多少次忍饥挨饿,多少次在荒郊野外以石为枕和衣就寝,多少次风餐露宿冒雪行进。

　　辑自《客商一览醒迷》《悲商歌》。

【感悟】

许多徽商长年漂泊在外,在寻求生路的过程中,过着"四海为家任去留,也无春夏也无秋"的生活,尝尽了人间的酸甜苦辣。徽商不分春夏秋冬奔走异乡的辛劳,他人很难体会。因此,如果说商人赚取的白银是用汗水、泪水和血水换来的,并不为过。

【故事链接】

清代歙县鲍志道,早年由于家境贫寒,11岁时便走上了经商的道路。出门时鲍志道两手空空,母亲便从箱柜底拿出了一直珍藏着的鲍志道婴儿时的褓褓。将褓褓的虎头帽上镶嵌的一枚"康熙通宝"铜钱取下,让鲍志道携带着去创业。鲍志道心中悲苦,郑重地将这一文钱收在内衣夹层口袋中,决心不让母亲失望。鲍志道几乎是一路乞讨来到江西鄱阳,路途的辛苦自不必言。到达鄱阳后,他一面帮助别人打工,一面学习会计。学成会计后,他积攒了一些钱,离开鄱阳,来到浙江金华,利用积累的钱开始做小本生意。为找到更佳的市场,他又从金华来到扬州,后来又从扬州转徙湖北,不断地奔波忙碌,然而始终没有找到立足之地。

20岁的时候,鲍志道再次来到扬州。这时,一位在扬州的歙县大盐商急需招聘一位经理,要求人能够吃苦耐劳、精于核算。鲍志道抓住良机,前去应聘。初次面试后,大盐商命伙计给每一位应聘者一碗馄饨,算是犒劳。吃完后,大盐商让每位回去准备第二天的考试。谁料想,次日盐商出了这样几道题:请回答昨天你所吃的馄饨共有几只? 有几种馅? 每种馅分别有几只? 应聘者被这种稀奇古怪的题目弄得瞠目结舌,有的摇头苦笑,有的后悔不迭。然而鲍志道凭他10年从商的经验,料到那碗馄饨很不寻常,因此他对那碗馄饨做了仔细观察。这时候应答这几道题,自然得心应手。最终他得到了聘用。后来,由于他踏实肯干,业务素质得到迅速提高。他凭借超群的经商才华,使盐商的经营很有起色,他自己也有了丰厚报酬。经过几年的积累,有了经济基础后,鲍志道便辞去了职务,开始独立在扬州业盐。由于他已经积累了不少业盐经验,加上精明干练,很快就发家致富。

【延伸阅读】

商人的思想意识与商业经营环境的影响也有着相应关系。商人外出经营不仅千辛万苦,客观上的生活环境也令商人缺少安全感,更何况还需要对经营途中骗子、盗贼的觊觎加以提防。明清各类商书中多处可见著述者对经商不易之感叹。《士商类要·买卖机关》告诫说:"铜铁忌藏箱箧,重物莫裹包囊","有物不可离房,无事切宜戒步","客商慎勿妆束,童稚戒饰金银","天未大明休起早,日终西坠便湾船",并再三强调"不论陆路、水行,俱看东方发白,方可开船、离店。若东方冥暗,全无曙色,寒鸡虽鸣,尚属半夜,若急促解缆、陆行,恐坠奸人劫夺之害,不可不慎。至于日将西坠,便择地、湾船投宿。俗云'投早不投晚,耽迟莫耽错'也",强调"逢人不令露帛",以免"被人瞧见,致起歹心,丧命倾财"。类似警示之语,在《客商一览醒迷》及《商贾便览》等商书中,多处可见,意在提醒人们在经商途中,辛苦之余,要谨慎从事,倍加小心。这些警示之语反映出当时的经商环境缺少安全感,也是商人经商经验的总结。

【原文】

> 虽终日营营,于公私有济,岂不愈于虚舟悠荡、蜉蝣楚羽者哉!

【译注】

营营:追求奔逐,这里指为生计而经商。 济:补益,帮助。愈:胜过。 虚舟:任其漂流的舟楫,比喻人事飘忽,播迁无定。虚舟悠荡:指生活漂浮不定,没有依靠。 蜉蝣:目前已知的寿命最短的一种有翅昆虫,主要分布在热带至温带的广大地区。 楚羽:漂亮的翅膀。蜉蝣楚羽比喻外表光鲜却朝不保夕。

商人虽然为了生计终日奔忙劳苦,但是毕竟对于自己和国家都有好处,难道不远远胜过那些纵情山水、无所事事、有名无实的人吗!

这是明代休宁汪弘的自策之语。

辑自《太函集》卷16。

【感悟】

工作无贵贱,行业无尊卑。平凡的岗位可以创造出不平凡的价值。对待工作要抱着一个平等的心态,工作无贵贱之分。所以不能够戴着有色眼镜去看待那些在平凡岗位上辛勤工作的人，他们的工作看似平凡不起眼，可是对于社会来说却须臾不可少。人生的价值和意义在于奉献而不在于索取，所以，每个在这样岗位上勤劳的工作者都值得人们尊重，都值得人们学习，因为他们都是自食其力的人，都在用自己的双手辛勤地为社会做着贡献。

【故事链接】

刘正实之弟刘丰年将到粤西为州官，向歙县县令辞行。县令谈起本县自康熙到雍正多年以来，由于田赋问题存在的弊端积重难返，有2万多赋税收不上来，贫苦百姓为之所困，催逼又会引起大的问题，官民都为此事感到一筹莫展。为了家乡的安宁，刘丰年准备慷慨解囊，"慨然自任代捐"。他回家将情况告知经商的哥哥刘正实，刘正实寻思，将两家积蓄合起来也还不够完税，只有到淮南一带向在那里做盐生意的老乡们求助，或许可以还上这些欠税，否则，只有变卖家产来解决这件事了。刘正实赶到淮南，淮南的歙县盐商们被刘正实兄弟的真诚和气度所打动，都跟着刘正实捐输银两，县令也想了一些解决积弊的措施，终于补上了税赋积欠，搬掉了压在百姓心上的一块大石头。

【延伸阅读】

美国联邦快递公司是全球最大的快递公司。为了让公司的雇员们心里充满自豪感和使命感，联邦快递公司经常给予雇员们这样的理想教育："你所从事的是历史上最重要的职业，你每天在不停递送着的物品，不是沙子和瓦砾，它可能是某个心脏病患者的起搏器、治疗癌症的药品、F-18飞机的零部件，或者是决定一件案子审判结果的法律证据"。联邦快递公司通过这种方法，让员工们相信，从事最平凡的商业活动也应当怀有崇高感，哪怕投送的货物真的是沙子和瓦砾，它们也是一座建筑不可或缺的一部分。

【原文】

> 儒固美名，成可炙乎？亡父之堂构，寡母之甘旨，奈何！

处世金言

【译注】

固:确实。 可必:可以预料其必然如此。 堂构:比喻继承祖先的遗业。 甘旨:美味的食品。

读书人通过科举考试获取官职确实能够美名传天下,但是这种成功的结果难道是可以预期的吗?眼下,我还要继承亡父的遗业,我还要供养寡母的衣食,怎么办?

歙县方时翔3岁丧父,与母亲相依为命。稍长后有志于读书业儒,但迫于生计弃儒从商,并发此感言。

辑自《方氏会宗统谱》卷19《方元之先生传》。

【感悟】

置之死地而后生。没有生存困境的逼迫,就没有忧患意识,也就不愿付出,最终也就永无出人头地之日。事业有成的人大多经历过非常多的痛苦与磨难,甚至有的人一辈子都在与失败为伍,只是到人生的最后一段时光才取得事业上的伟大成就。

【故事链接】

清代歙县鲍尚志,早年家境相当贫困,靠祖母、母亲为人缝补衣裳维持生活,家中经常是两天才做一顿饭,窘迫异常。因生活所迫,鲍尚志刚满12岁便在兰溪一家当铺内当学徒,起早睡晚,历尽千辛万苦。店主每逢初一、十五才供徒工们一餐肉食。鲍尚志却舍不得吃分得的肉,而是用盐酱把肉涂裹后封存在罐子里,托人带回家中,孝敬祖母。

鲍尚志成年后,在会稽为一盐商料理盐务,前后达10余年之久,但依然积攒不多。后来,鲍尚志向亲友贷银200两,以贱价质押了东江盐场的盐灶,精心管理,颇获厚利,从此开始了他的业盐生涯。其后,他的儿子鲍直润继承了他的事业,一面经营盐灶,一面以江山口岸为引地,把盐的生产和运销结合起来,遂使利润大增,规模扩大数倍,成为大盐商。道光末年,鲍直润以助饷有功,议叙盐课提举司提举衔,例授奉直大夫。

【延伸阅读】

徽商作为中国古代最大的商业集团,足迹遍布天下。他们不仅给徽州带回了丰厚的物质、精神财富,而且直接参与了许多地区的开发。特别是长江流域的大小城市无一不是徽商聚集之地，其资金和经营活动极大地促进了当地经济的发展和城市的繁荣。诸如"扬州之盛，实徽商开之"，北京"徽人辐辏下者，已以千万计"，等等。

随着徽商遍及海内的商业活动以及大量徽人为官入仕四处游宦，很多徽籍人口散居全国各地，以至有"无徽不成镇"的说法。浸润着徽州文化韵味的徽人采取主动姿态吸取四方文化成果，博采众长，发展创新，在一定程度上实现了自我突破，保持着持续发展。另一方面，优势的徽州文化又以昂扬自信的姿态将自己展现于其他文化区域。旅居在外的徽州人十分注重保持自己的文化传统，全国大小商业都会无处不有徽州会馆及码头、义学等附属机构。徽人多具有较高文化素养，其生活习俗、观念形态、价值取向很容易为客居地居民接受、仿效，形成一种徽客文化势力，从而扩大了徽州文化的地域外延。在与各地域文化碰撞交流中，徽派文化对中华文化其他各支系产生了很大影响，促进了地域间的文化交流，也进一步丰富了中华文化的内涵。

【原文】

> 人生贵自立耳，不能习举业以扬名，亦当效陶朱以致富，奚甘郁郁处此乎！

【译注】

贵：崇尚，重视。　举业：为应科举考试而准备的学业。奚：疑问代词，相当于为什么。　甘：自愿，乐意。　郁郁：郁闷，不高兴。

人的一生应当崇尚自立，如果不能通过科举考试达到扬名乡里，也应当仿效陶朱公经商致富，为什么要甘心在这里穷困潦倒一辈子呢？

这是祁门倪人穆早年因家贫而决定出外经商时所说的话。

辑自光绪《祁门倪氏族谱》卷下《燮堂公传》。

【感悟】

自助者，天助之。贫困并不可怕，可怕的是人没有自强自立的精神。郑板桥曾告诫儿孙说："滴自己的汗，吃自己的饭，自己的事自己干，靠天靠地靠祖宗，不算是好汉。"一树之果有酸有甜，一母之子有愚有贤。同样的家庭影响，子孙的发展也各不相同。有的人虽然继承了父辈的万贯家财，但后来却一贫如洗暴尸荒野。有的人出身赤贫，后来却封侯为相光宗耀祖。这些，古往今来都不乏其例。所以，依靠自己的力量自强自立才是最重要的。

【故事链接】

古徽州，三山六水一分田。普通人家那点田产，无法保障一家人的衣食。为了生活，一般情况下长子继承家里的田产房屋，其余的儿子只好出外行商，以谋生计。

有汪氏两兄弟，老大留守家园，老二贩卖茶叶行于四方。

过年的时候，两兄弟又聚到了一起。老大看着黑瘦了一圈的弟弟，心疼地叹息着："要是家里的田产再多一点，你就用不着四处奔波了"。老二微笑着摇摇头："家里的田产要是再少一点就好了。"看着大哥疑惑的目光，老二接着说："这样，大哥就不得不跟我一起经商了。每次采购茶叶，为了防止伙计从中获利，都要派出两个以上的伙计。有大哥在，你一个人去就行了，多省人力啊！"

老大听了，觉得有理，过完年，就将田产变卖，跟着弟弟经商去了。两兄弟一个负责山区采购，一个在城里茶庄当掌柜，配合默契，没几年就富甲一方。衣锦还乡的两兄弟在徽州建了一座汪氏族人聚居的村落，这就是我们今天看到的宏村。

【延伸阅读】

中国古代商人往往都要在自己店铺内悬挂"陶朱事业，端木生涯"8个大字。陶朱指的是朱公范蠡，端木指的是孔门七十二贤之一的端木赐，也就是子贡。他们是中国民间最早的两位"财神"。

子贡，姓端木，名赐，字子贡，春秋末卫国人，出生在一个商人家庭。他17岁从学于孔子，一边学习，一边出仕，一边经商。他的学问非常出色，是孔门言语科最优秀的学生，史书记载他利口巧辞，善于雄辩，被称为"孔门十哲之一"。他的政治才干也非常出色，"有干济才，办事通达"，曾任鲁、卫两国之相。他还善于经商，曾经经商于曹、鲁两国之间，富致千金，为孔子弟子中的首富。司马迁作为有远见卓识的史学家，在《史记》中甚至认为孔子的名声之所以能布满天下，儒学之所以能成为当时的显学，在很大程度上是因为子贡推动的缘故。端木赐晚年居齐,直至终老。唐玄宗时追封"黎侯";宋真宗时追封为"黎阳公",后又改称"黎公"。明嘉靖九年(1530年)改称"先贤端木子"。子贡和他的老师孔子一样彪炳丹青帛,绵泽后世。端木确立自己商业领域的地位稍早于范蠡,同时,因为他是孔子的高徒,又是标准儒者,后世商人都把他作为儒商的鼻祖。

范蠡,字少伯,春秋末著名的政治家、谋士和商人。他出身贫贱,但博学多才。因不满当时楚国"非贵族不得入仕"的规定而投奔越国,辅佐越国勾践。帮助勾践兴国灭吴,功成名就之后急流勇退,化名姓为鸱夷子皮,泛一叶扁舟于五湖之中,遨游于七十二峰之间。其间3次经商成巨富,三散家财,自号陶朱公。世人誉之:"忠以为国,智以保身,商以致富,成名天下。"后人尊称他为"商圣"。

【原文】

余不能事事，碌碌羁塾门，乃以家口贻亲忧乎！

【译注】

事事:治事;做事。　碌碌:平庸的样子。　羁:停留,使停留。

塾:我国古代一种开设于家庭、宗族或乡村内部的民间幼儿教育机构。它是旧时私人所办的学校,以儒家思想为中心,是私学的重要组成部分。　家口:家人的口粮。　贻:招致。　忧:忧愁、忧虑。

我现在不能做成什么大事,如果一直在私塾里碌碌无为、虚度光阴,这不是还要让父母操心家人的生活问题吗!

清代徽商吴岘山自幼读书,问政山中,"手披口吟,寒暑无间",受到先生的赞赏,被认为将来一定会成为国家的栋梁之材。后因大伯父早逝、受养家糊口之累,吴岘山不得不随祖父到汉口从事盐业生意。以上是吴岘山无奈之词。

辑自《丰南志》第5册《皇清附贡生诰授资政大夫候选道加四级恩加顶带一级又恩加一级议叙加六级显考嵩堂府君行述》。

处世金言

【感悟】

读书不联系社会、自然,不能跟人事相互结合,就成了死读书。这样即使读了许多书,却不会运用,只会背诵词句,却不知道其中的奥妙,就更谈不上解决实际问题了,也就成了读死书。

【故事链接】

明朝歙县吴容让 8 岁丧父,家中只有少得可怜的几亩薄田,祖父、祖母年事已高,只有母亲一人独自劳作,全家吃不饱、穿不暖。当时的官吏又屡屡登门索要赋税,更使他们的日子难以为继。

为生计所迫,8 岁的吴容让就上山打柴,艰苦度日。16 岁时,他跟随乡人远去松江经营小本生意。起初,他并没有太多的资本,但经过多年的努力和积累之后,终于赚得了第一笔资金。此后,他用这笔资金在浙江桐庐买下了一大片荒山野岭,招徕农民前往种植茶、漆、栗等经济作物,获利丰厚。最终,他成为家产巨万的富翁。

【延伸阅读】

新加坡报王李成枫,1909 年出生在福建南安,祖父是清朝末年的武举人。他从小就被父母送给膝下无子的舅舅当养子,没有受过系统化的正规教育,只是在乡村的私塾中念过几年书。

1927 年,为了寻找更适合谋生创业的地方,李成枫孤身一人下南洋,冒险来到新加坡闯世界。面对人生地不熟的异国他乡,年仅 18 岁的李成枫并未因举目无亲而打退堂鼓,反而凭借一身好力气,不辞劳苦地开始了"挣钱糊口——攒钱创业——捞钱耀祖"的拼搏。他找到的第一份工作,是在华侨陈嘉庚的鞋厂充当卫生巡察员,他勒紧裤腰带,把自己的一切开销降低到极限,每月虽只挣十几元但却能攒下 8 元钱。

后来,他又在民信汇兑行干月薪 20 元的汇兑活计,工作之余他还想方设法寻找第二职业,凭自己拉电线的手艺每月有 150 元钱的额外收入,因此他曾无比自豪地说:"当时一名银行经理的月薪,也只不过 50 来块钱而已"。

【原文】

祖宗创业艰难,吾惟守此不坠而已,幸勿苛刻,以失吾家忠厚风。

【译注】

惟:只。　坠:丧失,败坏。　幸:希望。

祖宗创业艰难,我辈应当谨慎继承,不至于败坏家业,希望为人行事不要过于刻薄,以免遗失忠厚的家风。

清康乾年间休宁汪栋在经商期间对其雇佣人员所说的话。

辑自休宁《西门汪氏大公房挥金公支谱·明经栋公传》。

【感悟】

古人说:"生于忧患,死于安乐。"这句话对于商业经营而言,也是如此。创业之后如果不去想怎么去继续发展,也许接下来就倒退,甚至灭亡,这种情况用"生于忧患,死于安乐"来形容一点都不过分。守业需要开始面对很多创业时所没有面对过的问题,而守业者在创业成功之后,往往容易意志懈怠,滋生出骄傲自满的情绪,开始贪图安逸享乐,并从此不思进取。因此人们常说:创业难,守业更难。这是十分有道理的。

【故事链接】

在徽州《许氏家谱》中,记载了一段感人的家庭创业史。许氏家族中有一人名叫许道善,年轻时曾在清源经商,因为他善于经营,赢利累至千金,在当地商人中名列前茅。后来许道善中途回家,商业随之中断,家中逐渐困顿。许道善看着儿子们渐渐长大,于是决心复出经商。他命儿子永京主持家事,自己只身前往临清经商。不久,因遇骚乱,许道善所带资金耗竭,又染病不愈,竟客死异乡。其子永京为了振兴家业,毅然继承父志,告别母亲与妻儿,循着父亲的足迹出外经商。没想到他这一去就是几十年,最后也是死于异乡。永京的儿子长大成人后,母亲拿出自己的私房钱,命他继续出门经商,完成爷爷和父亲未竟的事业。结果功夫不负有心人,终于获得成功,家业重新振兴起来。

【延伸阅读】

　　相传明代有一商人,大年三十从杭州赶路回家过年,来到深渡已是三更时分,商人急切地喊渡声惊醒了住在岸边的一位老先生,老先生隔窗相看,随口吟道:"夜半三更人喊渡,喂!"次日,他到学堂里向学生讲述了昨晚的情景,要求学生对出下联,学生们面面相觑,无从对答。这时恰巧一位当铺的伙计从窗外经过,立即吟道:"年终岁末客思归,嗳!"这副对联真实地反映了当时徽商为求生计四处奔波的艰辛经历。

【原文】

> 士商异术而同志,以雍行之艺,而崇士君子之行,又奚必于缝章而后为士也。

【译注】

　　术:技艺。　　同志:志向相同。　　雍:和谐;和睦。　　艺:才能,技能,技术。　　奚:文言疑问代词,相当于"为什么"。　　缝:合,缝合。

　　读书人与商人两者技能不同但志向相同,所以没有贵贱之分,商人如果能够用高尚的行为来经营商业,又能够按照儒家道德君子的行事风范来修养身心,又何必要先赋诗作文、成为读书人才算高尚呢?

　　这是明代休宁汪弘教训其子的话。

　　辑自《汪氏统宗谱》卷116《弘号南山行状》。

【感悟】

面对士贵商贱的传统观念，徽商竭力否认士、商之间的尊卑差异，他们从不同的角度论证"士商异术而同志"。经商、业儒只是各人的志向不同而已，二者并无实质性区别，不论走哪一条路都是男子汉大丈夫所为，都是人生的有为之途。而一个人的品质是否高尚，重要的是个人的儒学修行，并不在于他是为儒还是为贾。如果从商的人能做到"贾名而儒行"，按儒家的道德规范行事，把儒家思想贯彻到商业经营当中，那么商人毫不逊色于儒者！

【故事链接】

据《婺源县志》记载：曾经有个粤商从广东贩运珍珠到京城，路经徽州婺源丹阳乡。所雇的担夫对粤商不满，于是向官府诬告粤商贩珠瞒税，粤商慌忙中秘密将珍珠寄存在下榻的旅店店主——汪源的家里。后来，官府追查无果，担夫被冠以"妄言"之名治罪。事情虽然暂时平息了，但是粤商不敢返回索取珠宝，他心想：当时仓促寄存珍珠，并没有留下凭证，再回店中索取，店主也不会承认的，何况还有官府的追查。想到这，他就放弃珠宝，仓皇而逃。他一边懊恼，一边向芙蓉五岭逃。刚到岭前，就见汪源已在树下等候多时。粤商喜出望外，要把珍珠分一半给汪源，汪源坚决不收，将珍珠尽数归还粤商。此事传开以后，人们都被汪源的仁义之举所感动，把丹阳乡称为"还珠里"。

【延伸阅读】

新安医学奠基人祁门汪机其家世代行医，祖父汪轮、父亲汪渭均为名医。汪机少时勤攻经史，后因母长期患病，其父多方医治无效，遂抛弃科举功名之心，随父学医。他努力钻研诸家医学经典，取各家之长，融会贯通，医术日精，不仅治愈了母亲头痛呕吐的痼疾，且"行医数十年，活人数万计"。

有一年，祁门突发瘟疫。疫情迅速蔓延，他慷慨"倾其家产"，购备了大批药物，亲自和家人一道用大锅煮药，义务向百姓施药，用自己的医术救治病人，使许多患者转危为安，缓解了疫情。

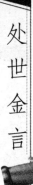

【原文】

人之处世，不必拘其常业，但随所当为者。士农工贾，勇往为先，若我则贾业者也。或辞利涉之艰，则大事去矣，奚以充其囊橐，裕身肥家乎。于焉苦其心志，劳其筋骨，以致富有。

【译注】

拘：拘泥。　随：依顺，依从。　当为：应当做的事情。勇往：奋勇前进。　先：前导，前驱。　则：通"择"，选择。　或：某人，有的人。　辞：推辞。　利涉：舟楫。　奚以：何以。　充：使充盈。　囊橐(náng tuó)：口袋，袋子。　裕：使充裕。　肥家：发家致富。　于焉：从此，于此。

人活在世上，没有必要把自己局限于从事农业，只要顺其自然，做自己应当做的事情就行了。在士农工商4种职业中做出选择，一定要勇往直前，敢为人先。就我个人而言，就是以经商为职业。如果畏首畏尾，不愿吃舟楫劳顿之苦，就干不成大事，又怎么能够赚个盆满钵满，发家致富呢？这其中要有艰辛的付出，苦其心志，劳其筋骨，才能过上富裕的生活。

这是徽商许伴先在总结自己的人生经历时所说的话。

辑自歙县《许氏世谱·西皋许公行状》。

【感悟】

三百六十行，行行出状元。如果时机不成熟，一条路走不通，就应当果断地选择另一条适合自己的路，这样也许可以更好地发挥自己的专长。

【故事链接】

明代歙县黄镛(字时振，号松涧)天性敦厚，是一个喜好读书的商人。小时从儒就学，立下经世之志。后来因为父亲对于科举不感兴趣，反对业儒，于是黄铺弃儒经商,在闽、越、齐、鲁等地从事商业活动。由于他善于思考和观察,每每料事如神,十不失一,很快发家致富,一跃成为在扬州独立经营的富商。

【延伸阅读】

　　朱熹曾明确地表达过自己对商贾的看法。有一次学生问朱熹:"吾辈之贫者,令不学子弟经营,莫不妨否?"朱熹回答说:"止经营衣食亦无害,陆家亦作铺买卖。"明代先哲李贽也大胆宣称"商贾亦何鄙之有"? 更是直接把商贾与其他各阶层人士画上等号。理学理论上的支持让徽人入贾更具正当性,朱熹的亲身所为更是徽商的榜样。朱熹的亲属及其本人都从事过商业,其外祖父祝确经营的商店、客栈占徽州府的一半,人称"祝半州"。而朱熹本人虽然坚持"仁人者,正其义不谋其利",但是他不反对获取正当利益。他自己就曾经办过书坊,刻书卖书。他这种以儒者身份亲营商业,对徽商来说无疑是一个巨大的精神安慰。于是他们自觉地以朱熹理学思想与传统道德作为自己立身行事的指南,将商和儒两者妥善结合起来。沿朱熹的思路,他们把理欲相通思想付诸于贾儒相通的实践中。徽州民间有所谓的左贾右儒,明朝以左上右下,这说明在徽州人心目中,甚至把贾放到了比儒更重要的位置上。

【原文】

> 学非章句,亦非空寂,宪章文武,此真儒之实用也。

【译注】

　　章句:文章、诗词。　空寂:佛教语,谓事物了无自性,本无生灭。　宪章文武:效法周文王、周武王之制。

　　做学问不应当只是学习记诵一些文章诗词,也不应当像佛家说的一切皆空那样消极悲观,而应当效法周文王、周武王之道,积极推行仁政德治使天下太平,这是真正的儒者的现实使命。

　　吴一莲的儿子已经入仕做官,闲暇时喜欢品读儒家典籍。这是吴一莲针对儿子所说的话。

　　辑自《丰南志》第5册《先大夫请状》。

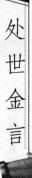

处世金言

【感悟】

读书不能死读书而对于现实不闻不问，读圣贤书经世致用即是真儒。人们常说"有识之士"而不说"有知之士"，可见，"识"比"知"高，"知"是"识"的基础，"识"是"知"的深化。"识"比"知"更具有创造性，"识"需要具备一种精神、一种道德、一种勇气。学习圣贤重在学习圣贤的"识"，也就是学习圣贤的精神、品德和勇气，而不是简单地记诵圣贤的只言片语、知其然不知其所以然，否则就不可能做到学以致用，造福他人和社会。

【故事链接】

绩溪汪立政（字以德），1840 年，赴上海茶叶店为徒，勤劳忠厚，深得业主信任；1850 年，自办汪裕泰茶叶店于沪南，督工精制四方名茶，薄利多销，声誉鹊起而在业内独占鳌头，此后在上海、奉贤、苏州、杭州等地设分号 9 处。汪立政经营有方，业务发达，驰誉中外，盈利丰厚，执沪上业内之牛耳，为旅外绩溪人中的富商巨贾之一。

汪立政富而有道，急公好义，对家乡的公益事业多有资助。余川村口的环秀桥毁于道光癸酉年（1873 年），当时死难者无数，沿河良田皆废为沙滩，对此汪立政一直牵挂在心。晚年，汪立政捐金 2000 多元，并派专人监工重建，虽未亲眼目睹夙愿的实现，但其子完成了此项义举。其子汪惕予因致力于悬壶济世，只能勉力维系汪裕泰店业；其孙汪振寰 1919 年由日本早稻田大学毕业后，继承汪裕泰店业，刻苦钻研，善于革新，几经努力，于 1927 年在上海西藏路开设汪裕泰总号，辟有 5 个门市部，接着又在浙江路和福履路分设 2 个门市部，批发兼零售，销售新制的绿茶、红茶、花茶和茶砖，驰骋沪上。抗日战争初期，汪振寰又悄悄地将资产转移美国和日本，在国外开设分销部，挽救了经济上的损失，且及时地将汪裕泰茶叶打入国际市场。

【延伸阅读】

朱为弼（字右甫，号椒堂，又号颐斋），安徽休宁人（一说浙江平湖人），清嘉庆十年（1805 年）进士，官至漕运总督。为官 30 余载，清廉方正。学问渊博，集传统经学、金石、书画、辞章、考据、收藏于一身，是一位不多见的文化全才。

道光四年（1824 年），朱为弼授顺天府丞，旋升府尹，当时京城附近遭蝗虫之灾，庄稼被蝗虫啃光。朱为弼单骑巡视，了解灾情，地方官吏准备宴请招待，朱为弼制止了宴请，说："我是为了替百姓解蝗虫之灾才来的，你们如果这样铺张，岂不是也要让我变成啃食民脂民膏的蝗虫了吗？"

【原文】

学者以治生为本，安能久拘笔墨乎！

【译注】

治生为本：经营家业，谋生计。　安能：怎能。　拘：束缚，限制。　笔墨：写字，画画，做文章。

读书人首先应当以养家糊口、谋求生计为根本，怎么能够长期耗在赋诗作文上呢？

旌德程声玉早先为了参加科举考试而学习四书五经等儒家经典，后来投笔从商，并发此感慨。

辑自《旌阳程氏宗谱》卷13《程声玉公赞》。

【感悟】

徽商既崇尚品德，提出"一切治生家智巧机利悉屏不用，惟以至诚待人"；又注重以治生为本，不尚空谈，提出"两条正路惟读惟耕"。徽商不走向极端，突破了中国社会几千年来形成的"以农为本"正统思想束缚，开辟了一条"寄命于商"的新路，将儒家思想理念推向更广泛的职业领域。

【故事链接】

歙县许文广（字良材，号柏源），虽家庭贫困，但母亲一直花钱聘请老师教他读书。有一天，许文广声泪俱下地说："我一个堂堂的男子汉，身为人子却不能养活母亲，反而让母亲来养活我！我活着还有什么意义？"于是决定弃儒经商。许文广每天都要反复地自我鞭策、自我激励，总是忧心牵挂母亲太劳累太辛苦。

一次，许文广读儒家经典《论语》，读到"父母在，不远游"一句，不禁感慨万分。自此以后，不论经商在外有多远，每年必定都要回家探望父母一次，有时候甚至两次。

许文广曾经与兄长许文卿一道出游外地考察商情，期间许文广尽可能让兄长歇息，而兄长的事情都由自己主动代劳。每次兄长感到过意不去劝阻他时，他总是说："服侍兄长、为兄长效劳是小弟的职责,希望兄长不要客气"。

【延伸阅读】

宋朝的时候,有个叫叶元清的人中了状元。有一天,叶元清骑着高头大马得意洋洋地走在街上。

当来到一个路口时,一个樵夫不避不让,照直往前走,衙役们高喊让道,樵夫才停在路口说："新科状元有什么了不起! 如果我小时候能够上学,现在也是一个状元!"叶元清闻言大怒,喝道："山村匹夫,如此不自量力! 还是老老实实砍你的柴去吧!"樵夫不以为然地说："天下学问多的是,就说砍柴吧,我想怎么砍就怎么砍,你能吗?"状元不信。樵夫拿过一块方木,在上面画了一条线,举起斧头往下一劈,斧头沿线劈开了木头。

这时,又走过来一个卖油翁,嚷着说："这有什么了不起,如果我是樵夫,我也能这样!"叶元清一听,就说："好! 我买你一斤九两油,但得用手倒。"卖油翁哈哈大笑,拿出一个小瓶,又在瓶口放了一个铜板,拿起油桶便倒。只见油如同一根线一样落入钱眼中,称一称,一点不差。

状元看了两人的表演,叹了口气说："真是三十六行,行行出状元啊!"

后来,人们把三十六行改为三百六十行,就成了人们现在所说的"三百六十行,行行出状元"。

【原文】

快乐每从辛苦得,便宜多自吃亏来。

【译注】

这副楹联表达的是一位成功商人的经营之道与处世哲学,商人感受到在人生和商业经营中,多付出一份辛苦,就能多收获一份体现自我价值的快乐;而多吃一些亏,往往便能获得更大的便宜。这副楹联的妙处在于,它是一副"错"字楹联。"快乐每从辛苦得"句中的"快"上少了一竖,"辛"字上多加一横,意为少一些快乐,多一份辛劳。"便宜多自吃亏来"句中的"多"字少的那点移到"亏"

字上去了(亏用的是繁体字)。据说,这里寓意的是吃小亏能占大便宜,而且吃亏要吃到点子上。"吃亏是福"、吃小亏占大便宜,其内涵让人感到折服。房屋主人的人生哲学通过这副错字联,表达得淋漓尽致。

辑自黟县西递村瑞玉庭楹联。

【感悟】

吃亏是福,良心不仅是一种美德,也是一种资本、一种战略,是一个人得以安身立命的根本所在。

【故事链接】

清代婺源程国远,性情仁厚,曾经和广东朋友合伙贩茶到广东。由于经验不足,共亏损 800 金。程国远考虑到那位广东朋友筹措资金没有什么门路,又看到朋友因亏损而不敢回家的样子,十分同情他的难处,于是就拿出自己的钱来支付亏损,独自一个人承担了所有损失。

【延伸阅读】

在黟县西递和宏村的古民居的正堂中,一般都设有供桌,供桌上摆着两样东西:一面镜子,两方笔筒状的瓶子。如果你认为它们一个用来装笔、一个用来整理衣冠,那就错了。原来那瓶是用来放置主人帽子的,帽子放在瓶上,主人在家,反之则表示主人外出。而两物谐音是"平"、"静",在镜子和笔筒的中间,摆着一个钟,三者合起来寓意"终生平静"。古老的徽州人正是通过这些实物,表达了他们丰富的感情和愿望。

【原文】

> 忍片刻风平浪静,退一步海阔天空。

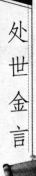

【译注】

这副楹联是劝人要能忍耐。

辑自黟县西递村履福堂中堂楹联。

【感悟】

现代社会，人际关系错综复杂，人与人之间的摩擦、矛盾、争执、冲突和口角总是在所难免，关键在于每个人如何去拿捏、看待和善后。相由心生，境随心转，主观态度决定一切，如果能够心诚念正、态度祥善、和颜悦色，就能化干戈为玉帛。

【故事链接】

清代歙县许世积，在浙江做生意被人诬告了，许世积在官司中经过一番周折，终于搞清了事情真相，赢了官司。许世积经商一贯忠厚诚信，想到对方也是事出有因，经商不易，于是出人意料地放弃了经济赔偿的要求，向对方作了"义让"，不再追究对方的过失。而其妻宋氏则在这件事情上表现得更为豁达。在打官司过程中，她看到对方家里贫困得已揭不开锅了，于是私下派人悄悄给其妻子送去了粮食。许世积知道后，笑问夫人：你怎么还去资助对付我的人家呢？宋氏也笑着回答："诬告你的是她的丈夫，她和家里小孩子可没有这样做呀！"许世积从此在家事方面更加倚重宋氏，生意也越做越好。

【延伸阅读】

清代知府胡文照故居"大夫第"的临街绣楼，又称彩楼，高悬"山市"、"桃花源里人家"。绣楼的石雕门楣上刻有"作退一步想"，建筑时有意将整幢绣楼向后缩了一大步，与堂前"忍片刻风平浪静，退一步海阔天空"的楹联（履福堂亦有此联）相映成趣，耐人寻味。

【原文】

走不完的前程,停一停,从容步出;想不尽的心事,静一静,暂且抛开。

【译注】

前程还很远大,不要一迷路就不知所措,不妨停下来,等到自己气定神闲,自然能够从容不迫地走出困境;不要一遇到坎坷就胡思乱想,应当静下心来,暂时抛开烦恼,这样才能看清方向,找到出路。

辑自《古黟楹联》。

【感悟】

"山重水复疑无路,柳暗花明又一村。"人生也常常如此,以为前面已经没有了路,正彷徨着,一转弯,又是另一番天地。因此,任何时候都要保持不卑不亢的态度。当人生得意时,不要忘乎所以,得饶人处且饶人;当人生低落时,也不要悲观失望,也许塞翁失马焉知非福。人的际遇总是有高有低、起起伏伏,当处在十字路口时,就要仔细思量,不可轻率从事。

【故事链接】

王致和臭豆腐始创于清康熙八年(1669 年),历史悠久,与"同仁堂"同龄,至今已有 300 多年历史,时至今日,"王致和"已经是地道的"中华老字号"。

王致和臭豆腐的创始人王致和是清代举人,徽州仙源(今黄山市黄山区仙源镇)人。康熙八年,王致和千里迢迢从安徽进京赶考。不料张榜之日令他大失所望,他名落孙山。王致和一心想金榜题名,绝不善罢甘休。可是按照朝廷规定,下次开考要等到 3 年以后。这时,王致和犯难了,欲返故里,交通不便,盘缠皆无;如果在京城继续攻读,又距下次开科考试甚远,3 年期间的生活费用是个大问题。王致和决定留在京城自谋生计。王致和家境并不富有,父亲在家乡开设豆腐坊,王致和曾学过做豆腐,于是王致和凭借这门手艺便在暂居处——安徽会馆附近租房，购置用具制作豆腐，一边做起豆腐维持生计，一边刻苦攻读准备再次应试。

一次，他做的豆腐没有卖完，便切成四方小块，配上盐、花椒等佐料，放在一口小缸里腌上。由于他一心攻读，把此事忘了。等到想起时，打开小缸，臭味扑鼻，豆腐已成青色，一尝，别具风味，便送予邻里品尝，众人无不称奇。后来，王致和屡试不中，索性弃学经商，专心经营起臭豆腐来，王致和臭豆腐遂由此诞生。这种臭豆腐颜色呈青色，虽然闻起来臭，吃起来却很香，因此销路不错，生意日渐兴隆。

后来王致和臭豆腐传入宫廷。据说慈禧太后也很喜欢吃这种臭豆腐，还将其列为御膳小菜，但嫌其名称不雅，于是按其青色方正的颜色和形状，赐名"御青方"，这样，王致和臭豆腐又成了皇家的青方豆腐。从此，王致和臭豆腐更是身价倍增。晚清状元、管学大臣孙家鼐也是安徽人，他与王致和后人颇有交情，还亲笔为臭豆腐写了两副藏头对联，一副是："致君美味传千里，和我天机养寸心"，另一副是："酱配龙蟠调芍药，园开鸡跖钟芙蓉"，把 4 句诗每一句的第一个字连在一起就是"致和酱园"。

【延伸阅读】

两位探险者在沙漠中迷失了方向。一位健康而自信的探险者对他的同伴说："你在这里等着，我去找水。"他把手枪塞在同伴的手里说："枪里有 5 颗子弹。记住，3 小时后，每小时对空鸣枪一声，枪声会指引我找到正确的方向，然后与你会合。"

于是两人分手，一个充满信心去找水，一个满腹狐疑地留守在沙漠里。留守者看着表，按时鸣枪，但他很难相信除了自己还有能听见枪声的人。他的恐惧加深，认为同伴可能找水失败，或中途渴死。而后他又认为同伴找到了水，却弃他而去，不再回来。

到应该击发第五枪的时候，留守者绝望地想："这是最后一颗子弹了，同伴早已听不见我的枪声，等到这颗子弹打完之后，我还有什么依靠呢？我只有等死而已。而在一息尚存之际，秃鹰可能会来啄我，那将更加痛苦，还不如自杀"。于是他把枪口对准自己的太阳穴，扣动了扳机。

不久，那同伴提着满壶清水、领着一队骆驼商旅寻声而至，但他们所见到的是一具尸体。

【原文】

事在人为，休言万般皆是命；境由心造，退后一步自然宽。

【译注】

事情总是要靠人去做的，在一定的条件下，事情能否做成要看人的主观努力如何，因此不要推卸责任，把一切事情都说成是上天决定好的，这是不负责任的态度；人如果能有豁达宽广的心胸，所面临的处境也会柳暗花明的，自己的感受、行为和处境往往是由自己内心的想法所决定的，有什么样的心态就会有什么样的处境和结局。

辑自《古黟楹联》。

【感悟】

俗话说："有缘千里来相会，无缘对面不相识"、"十年修得同船渡"。我们没有理由不去好好珍惜人与人之间的各种缘分，珍重善缘，珍惜友谊。知福、惜福、感恩，让他人享有更充实的幸福感，也是让自己生活得更快乐、更有活力。只要我们懂得生命的可观，对生命充满欣赏之情，我们为人处世就会更宽厚些，而且会更乐意对他人提供协助。

【故事链接】

歙县鲍直润，14岁到杭州学做生意。店铺规矩，初来的学徒只能从事洒扫等杂事。所以，鲍直润在店铺里待的半年，一天到晚只是做洒扫等小杂事。鲍直润想想什么也没有学到，心里很是焦急，于是私下与同伴说："我们来到这里，都想学得一手好技艺，可是半年过去了，师傅却始终不教我们做生意。这样下去，如何是好啊？不如我们互相帮助，定下约定，如果有人学到了什么知识，一定要相互交流，谁学会了一点技艺不要保密。大家共同努力，共同学习，这样我们也许就可以事半功倍了"。这些话后来传到师傅的耳朵里，师傅非常赞赏他，觉得他是可造之才,于是把技艺毫无保留地传授给他。学徒结束后,鲍直润走上经商之路,他发扬自尊自强的精神,努力经营,不出几年,生意大获成功。

【延伸阅读】

西递和宏村是安徽南部民居中最具有代表性的两座古村落,它们以世外桃源般的田园风光、保存完好的村落形态、工艺精湛的徽派民居和丰富多彩的历史文化内涵而闻名天下。西递和宏村两处古民居以其保存良好的传统风貌被列入世界文化遗产,是世界上第一次把民居列入世界遗产名录。尤其值得一提的是,西递、宏村独树一帜的徽派建筑和相映生辉的楹联警句,给人耳目一新的感觉。古民居之所以有浩繁的格言楹联留存,是由于当年从那里走出去的成功徽商和官吏想把他们人生道路的经验和感悟告诉后人,希望后人能继承和发扬那份精神遗产。徽商把创业时酸甜苦辣的经验和体会,浓缩成极为简洁的文字,悬挂于厅堂之上,让子孙后代朝夕相见,这种做法无疑要比那种终日喋喋不休的教诲高妙,同时还能为居室环境增添几分雅气。

四、重义轻利，重德轻财

【原文】

人生学与年俱进,我觉厚之一字,一生学不尽亦做不尽也。

【译注】

年:年纪。 进:增长。 厚:忠厚,厚道,仁厚,宽厚。

在人的一生中,学问是和年龄一起增长的,就我个人而言,我觉得厚(道)这个字,是我一生学不完的,也是做不尽的。

这是歙县吴岘山教育后人所说的话。吴岘山还告诫后人说:"我祖宗七世温饱,唯食此心田之报。今遗汝十二字:存好心,行好事,说好话,当好人。"

辑自《丰南志》第5册《皇清附贡生诰授资政大夫候选道加四级恩加顶带一级又恩加一级议叙加六级显考嵩堂府君行述》。

【感悟】

做人要厚道,经商更应厚道。做人厚道,必有回报;经商厚道,必然会赚钱。商人只有厚道,才能给人以信任感,建立起长久的买卖关系,也只有以忠厚立本,方能赚到大钱。"德是本,财是末",厚德是创业者做人兴事之本。经商固然是要追求利的,但必须把求利的行为放到为社会、为民众服务之后,这才是行商者真正的永恒的"价值观"。

【故事链接】

明朝成化年间,歙县宋应祥、宋承恩父子到陕西三原县经商,夜宿一家旅店。第二天,宋氏父子发现同住一店的生意人竟然落了一个包袱,打开一看,里面有250两黄金。宋氏父子此行做生意的利润还不到这些金子的十分之一。父子俩没有见财起意,而是守在店里,等失主回来认领。第二天,失主终于出现了,宋氏父子当着大家的面,把250两黄金亲手交到失主手中。失主要把失物的一半交给宋氏父子,因为按照明朝法律,他们有权获得所拾金钱的一半,但宋氏父子坚决分文不收。这事很快传到了县令的耳朵里,县令非常感动,为了表彰他们的义举,亲自送上了匾额,上书"奕世德音"4 个大字。宋氏父子返乡后,这块匾额就高高挂在了他们的宋氏祠堂里。

【延伸阅读】

胡雪岩主张商人应当"重义不轻利"。胡雪岩正是以此原则取得了顾客和员工的信任和尊敬。讲究"仁义"是胡雪岩商业精神和人格魅力的核心,他有一句名言:"一碗饭,大家吃,花花轿儿人抬人"。

胡雪岩更是将"顾客乃养命之源"立为胡庆馀堂店规,他要求店员把顾客当作衣食父母来尊敬。

胡雪岩从方便顾客着想,在胡庆馀堂专设顾客休息场所;在酷暑热天、流行病多发季节,免费供应清凉解热的中草药和各种痧药;在杭城初一、十五日,远近大批香客来杭赶庙烧香时节,将药品降价出售;遇急诊病人隆冬寒夜也热情接待。冬天半夜三更,病人敲门求药,值夜药工必定遵守胡庆馀堂为急诊病人现熬鲜竹沥的店规,劈开新鲜的淡竹,在炭炉上文火烘烤,待竹沥慢慢渗出,再用草纸过滤,当场给病人服用。

一次,一位湖州来的香客到胡庆馀堂买了一盒"胡氏辟瘟丹",打开一看后面露不满神色。胡雪岩见状,即刻上前审视,发现此药欠佳,再三致歉,令店员另换新药。恰好此药这天已买完,胡雪岩考虑顾客远道而来便请香客留住,并向他保证3天内赶制出新药。3天后胡雪岩把新药送到顾客手中,履行了自己的承诺。

【原文】

黄金未为贵,安乐值钱多。

【译注】

即使黄金也不能算作是最珍贵的东西,只有平安快乐的人生才是最有意义、最有价值的。

此语原出自《增广贤文》。

辑自《古黟楹联》。

【感悟】

真正的尊贵不是手中有钱,而是精神上的充实和坚强;真正的幸福也不是锦衣玉食,而是能不为金钱所累,逍遥自在,享受不受羁绊的乐趣。金钱是生活的工具,只有那些不注重物质的人,才可以集中力量去追求精神上更为可贵的东西。追求金钱的人很难使自己不成为金钱的奴隶。多数人在有了钱财之后,可能会时刻为保存既有的和获取更多的钱而烦心。同样,一个商人他的生意越大,得失心可能越重,也就越难以找回海阔天空一般的心境。

【故事链接】

大盐商吴时英手下有个伙计,以他的名义向别人借了1.6万千缗钱,后来还不了债。事发后,有人就对吴时英说:"是你的伙计打着你的名义向别人借钱,与你不相干,应该由他自己去还"。但是吴时英却没有因此而觉得心安理得,他说:"这些长辈们之所以借钱给他,是因为用了我的名义,如果我推脱说不是我本人借的而不还钱,别人就会对我们整个商号产生不信任。违背德性可不是什么好事"。后来,吴时英亲自还了这笔债务。

【延伸阅读】

楹联,是世界上唯有汉语言才能构成的一种特有的文字形式。它同中国的古典诗、词、歌、赋一样,有的写景咏物,有的叙情抒怀,有的评人论史,有的借景说理;其联语风格多样,或诙谐纤巧,或明快奔放,或庄严深沉;其玲珑小品,四、五、七言及数十言为多见,鸿篇巨制,长达百千言较少有,但都字字珠玑,对仗工整,韵律和谐,具有丰富的内涵和深刻的表现力,从而成为中华民族的文化瑰宝。同时,由于楹联熔语言艺术和书法艺术于一炉,既可以装饰在大殿上,也可以布置在小亭中;可以为雄关险隘增威,也可以给深湖小溪添色,与山川同在,与胜迹交辉,从内容到形式都能给人以美的陶冶和艺术享受,因此它又是祖国文苑中别具一格的奇葩。黟县西递、宏村的楹联多在室内,且恢宏浩繁,按其内容可归纳三类:一是格言联,将中国传统礼教和大量训诫,利用楹联形式,灌注于人脑,让子孙后代传留。二是言志联,寄情山水,直抒胸臆,言成才、成事之体会,抒立业、富家之豪情。三是风物名胜联,或描景绘色,诗情画意,与胜景相得益彰;或借物抒怀,画龙点睛,使华宇和建筑的氛围升华增辉。

古时黟县人无论是读书的官僚,还是弃儒的商人,都把中国传统礼教和训诫,同自己在人生道路上的拼搏所饱尝的甜酸苦辣即正反两面的经验教训,浓缩成简洁的文字写成楹联,悬挂于厅堂客室中,让子子孙孙牢记楹联上的教导,坚定不移地一步步走下去,继承祖业并使之发扬光大。

【原文】

> 忠厚留有余地步，和平养无限天机。

【译注】

和平：和睦。　养：蓄养，培养。　天：指人的灵性、天性。

宽容厚道待人，就会拥有广阔的天地；心平气和处世，就能获得更多的机遇。

这是清代大学士、安徽桐城人张廷玉在居官50年之后，为警戒后人为人处世所作的遗训。

辑自《古黟楹联》。

【感悟】

在今天商品经济社会中，尔虞我诈似乎已经成为正常现象，许多人已经见怪不怪了，而且还找很多理由把它合理化，说什么"无商不奸"、"害人之心可有，防人之心不可无"。

其实，中国历史上自古就有讲求诚信的传统，有"人而无信，不知其可"、"人无信不立"的训诫，有尾生抱柱的感人故事，有"得千金不如得季布一诺"的美谈。在古代中国社会，"人言而为信"，人与人之间有了什么承诺，不一定要白纸黑字，只要讲一句话，就照样有一言九鼎、驷马难追的效果。

一个人无论从事什么样的行业，若要取得事业成功，都有赖于良好的人际关系、广泛的社会关系网和来自他人的物质帮助和精神帮助。然而，这一切的获得，都需要以人的信用作为基础，人的信用才是成功之"本"。

因此，诚信厚道是处世的前提。人要想学会处世，首先要学会做人。做人就是立身处世、待人接物事事处处能够以诚信厚道为价值信念和基本原则，心胸宽广，将心比心，心存美好和善良，互相信任和坦诚。

【故事链接】

清代歙县唐祁因为善于经营，积累了大量财产。他父亲曾经借某人钱款，后来债主前来讨债,谎称债券丢失,要求偿还债款,唐祁说:"借据虽然弄丢了,但家父借债之事是真的。"于是,唐祁就如数偿还了借款。不久那人说债券找到了,就又持债券来索要债款。唐祁说:"丢失借据的事情虽然是假的,但是借据却是真的。"于是,唐祁再次如数偿还借款。此事被人们传为笑谈,而唐祁却说:"那人当初能够急人之所急,借钱给我父亲,这一点还不足以让我感激不尽吗?"

【延伸阅读】

时下社会上普遍流行"砍价",也叫"杀价"。随着海峡两岸关系的不断发展,已经有越来越多的大陆居民到台湾旅游、参观和访问。据新闻报道,台湾的小店主非常欢迎大陆游客的光顾给他们带来的商机,因为大陆游客一旦光顾,往往能够买下很多东西,但是商家却很不习惯大陆游客的"杀价",尤其是大陆游客动辄对商品的标价"砍"一半。

人们可能会善意地说,这是两岸购物习惯不同。但是这种说法最多只说对了一半。20世纪90年代,国家有法律明确规定经营者要"明码标价",可是这个法规似乎得不到很好的执行,"砍价"之风在大陆仍比较普遍。

为什么制定了明码标价的法规而不执行?其实,这反映了一种"老实人吃亏"的社会病态。"砍价"现象的背后关系到社会诚信问题。一方面,商家不够诚信,存侥幸之心和欺诈之念,虚报价格,催生了"砍价"之风;另一方面,"砍价"风气又降低了社会的诚信度,让人与人之间总是互相心怀猜疑,时时处处要防范他人的设套挖坑。商家可能会以善于坑蒙拐骗窃喜,而顾客则可能会以善于打心理战"砍价"而自得。然而,这种欺诈风气最终害人害己,因为这种不讲诚信的"习惯",对喜欢简单生活的大多数人实在是一种心理折磨。

尽管大陆游客入台前曾受劝告,而入台后却还是忍不住要进行一番"杀价",要不然心里不踏实,这与其说是"习惯"难改,还不如说是某种心理的后遗症,需要较长时间的矫治。

【原文】

吾有生以来惟膺"天理"二字,五常万善莫不由之。

【译注】

膺:接受。　天理:儒家把天理看作本然之性。程朱理学将天理引申为"天理之性",是"仁、义、礼、智"的总和,即封建的伦理纲常。　五常:即仁、义、礼、智、信,是指"人"作为社会中的独立个体,为了自身的发展和社会的进步而应该拥有的5种最基本的品格和德行。　善:好的行为、品质。　由:顺随,听从,归属。

我一辈子衷心信服理学家们所说的"天理"二字,儒家的仁、义、礼、智、信5种道德规范以及诸多道德品格无一不是从这"天理"二字推导出来的。

这是徽商胡仁之告诫子孙所说的话。

辑自《大泌山房集》卷73《胡仁之家传》。

【感悟】

天理就是良知。儒家说"人性本善","君子"是那些能够长久地保持自己善良本性的人,而"小人"则是指那些轻易地就丢弃自己善良本性的人。在物欲横流的当今社会,人类的本性与良知正在遭遇各种前所未有的挑战:"利益"向其挑战,"智慧"向其挑战,"理性"向其挑战,于是在竞争激烈的商业圈子里,许多人竞相摆脱道德良知的束缚,在物质化、功利化的潮流中全力以赴地追求更多的创新,追求更大成功,追求更多的财富,却完全不顾那良知早已经蒙上尘垢,心田早已经枯竭干涸,生命之树早已经凋落枯萎。然而,良知是上天赋予人类珍贵无比的财富,良知构成道德,而道德之坝一旦决堤,人类社会既无法修复溃堤,也无法承受决堤之后的巨大灾难。因此,良知是社会的底线,需要众人一起坚守。

【故事链接】

明代歙县胡仁之在嘉禾经营米业,一次遇到饥荒之年,在"斗米千钱"的情况下,同行纷纷乘机抬高米价并掺以泥沙,谋取暴利。唯有胡仁之不仅不愿在粮谷中掺杂兑假坑害百姓,而且仍然以原价供应优质大米。胡仁之此举赢得了世人的敬重。

【延伸阅读】

先秦时期,"天理"这一概念在儒家那里主要是指人的本性、天性,在道家和法家那里则主要是指自然的法则。儒家经典之一《礼记·乐记》中说道："人化物也者,灭天理而穷人欲者也。于是有悖逆诈伪之心,有淫泆作乱之事。"这里所谓"灭天理而穷人欲者也"就是指泯灭天理而为所欲为者。北宋二程(程颢、程颐)认为:"灭私欲则天理明。"到了南宋时期,朱熹进一步提出:"圣人千言万语只是教人存天理,灭人欲"。

　　近代以来,朱熹"存天理,灭人欲"的思想饱受批评和抨击。后人评判宋明理学时,通常都责难朱熹"存天理,灭人欲"的思想禁锢了人的自由等。然而实际上,朱熹是主张明理见性,朱熹认为,人容易被自己的私欲所蒙蔽,所以看不到自己的真实本性,不能体悟到天理,而要想认识天理,就要除去人的私欲。朱熹实际上也是接着孔孟的话说的。孔子说:"性相近也,习相远也。"孔子的意思是说,人与人之间差别虽然大,但是一开始的本性却都差不多,只是由于后天的因素把人改变了。孟子则明确提出人性本善,也就是说,人先天都有仁爱之心,人的本性都是一样的,是人的后天的私欲改变了人,所以孟子说:"养心莫善于寡欲"、"知性知天",主张"养心寡欲",通过修身养性,超越自我,实现"真我",认识自己真正的本性和天性。孟子还认为,人之所以为人而不同于禽兽就是因为人有先天的仁爱之心。在这方面,朱熹的思想与孔孟是一脉相承的,所以朱熹的"存天理,灭人欲"其实也就是希望人能够多留存仁爱之心而尽量去除自私自利之念。

【原文】

荣华非可侥得,无逐于傥来。

【译注】

　　侥:获得意外的利益。　　傥来:不应得而得或无意中得到。

　　荣华富贵不可以凭侥幸获得,只有经过艰辛付出后取得收获才是正道,不要指望得到不该得到的财富。

　　这是明代歙县吴希元之妻对吴希元的劝言。吴希元早年心有不专,时商时儒,其妻汪氏非常着急,她两次以良言相劝。她论贾则曰:"良贾深藏若虚,无移于侈汰",论儒则曰:"荣华非可侥得,无逐于傥来"。后来吴希元从商致富。经营之初,缺少资金,其妻

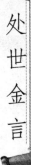

处
世
金
言

拿出嫁妆首饰,为丈夫提供第一笔资金,为吴希元创业奠定了基础。

辑自《丰南志》第5册《从嫂汪行状》。

【感悟】

商业之道应该是公平的,一分付出,一分收获;十分耕耘,十分收获。人不能够做金钱的奴隶,而要站在生命的制高点上看待利益和得失,获得一种内在心态和心境的自由。

淡泊名利说起来容易,做起来难。商之所以长期被放在农和工之后的最末尾,称之为末流,置于九品之末,一个重要原因是由于经商求利对人类心灵、品格具有侵蚀作用。如果不修身,那么这种侵蚀作用就格外明显。人的智慧一旦用于经商,很容易迷失方向,进入唯利是图的迷路,丢失道德品质,成为金钱的奴隶。司马迁在《史记》里就有一句名言:"众人熙熙,为利而来;众人攘攘,为利而往。"这两句话高度概括了商业活动对人心的腐蚀。在没有道德驾驭心灵的时候,"熙来攘往"的商业的发展和经济的单纯开发,对个人和社会都构成一种潜在的威胁。

【故事链接】

古代有一个经营粮食的老板,做粮食买卖的时候总是短斤少两,他请做秤的师傅做了一杆假秤,在卖粮食的时候,这杆假秤一斤总是少半两。可是他的妻子却悄悄地把那个做秤的师傅叫回来,请这个师傅把称码加大,做成17两1斤(古代1斤是16两)。这样,每卖1斤就等于送了半两给顾客。一年下来,这家人的粮食生意极好。

【延伸阅读】

台湾著名的企业家王永庆是一位很有影响的华人大富豪,被誉为台湾"经营之神"。他生于1917年,童年时期家境贫穷。7岁上学,每天步行10公里,放学背回10斤猪饲料。9岁开始半工半读,替人看牛,一个月5毛钱。1931年,王永庆15岁,小学毕业,立志出去闯天下。那年,他在嘉义米店当小工,除了兢兢业业全力以赴工作之外,他还细心观察老板经营米店的一些诀窍,打算为日后创业做准备。1932年,16岁时,王永庆向父亲借200元开始开米店。

王永庆着力在米的质量和服务上下苦功夫,想出一套变被动为主动的服务方法:主动把米送到家,统计顾客用米量,免费送米到家。额外服务:淘旧米,换新米;发薪水日后收钱;一斗米只赚一分钱。积累一些钱后,王永庆自己开碾米厂,他每天比日本人多工作四五个小时。王永庆平日还省吃俭用,甚至不洗热水澡,每天省3分钱,相当于3斗米的利润。

10年后的1942年,王永庆26岁,他利用10年的积蓄,买了20亩林地,并开办砖厂。失败后,1943年,他转向木材生意。1946年,30岁的王永庆积蓄已达5000万元。1945年后,他又开始开办碾米厂,后因被无故拘留29天,不得不放弃了米生意,转入了塑料行业。1958年,王永庆成立南亚塑料,后又投资卡林塑料,加工雨衣、帘布等。1978年,62岁的王永庆公司营业额已达10亿美元。1980年,他开始在美国建厂。1983年,他经营的PVC粉年产55万吨,加上美国投资工厂生产的39万吨,达94万吨,成为世界第一的PVC粉生产商。

王永庆的毕生信念是:"天下的事情,没有轻轻松松、舒舒服服让你能获得的,凡事一定要经过苦心追求,才能真正明了其中的奥妙而有所收获。"

【原文】

无宁竞锥刀警肺腑!

【译注】

无宁:难道。"无"作助语,无实义。　竞:竞争,角逐。　锥刀:比喻微薄小利。　肺腑:比喻极亲近的人。

难道因为一点微不足道的利益就要六亲不认!

休宁吴次公为人慷慨、忠厚,没有心计,不重名利和钱财,讲义气和诚信。与兄弟之间相处和睦,甚至家产一直没有分割。一次,有亲近的朋友借用了吴次公家几百缗母钱,不想归还,家人准备一起前往讨要,出发之前征求吴次公的意见,吴次公说:"难道因为一点微不足道的钱财就要六亲不认!"于是毁弃债券,不再索要。

辑自《太函集》卷56《吴田义庄吴次公墓志铭》。

【感悟】

　　金钱的诱惑力是巨大的,有人会为了金钱而不择手段,甚至六亲不认、胆大妄为,甚至巧取强夺,然而最终被钱害得失去了亲朋、失去了自由、失去了生命。从古至今,多少人为钱而争斗不休,为了钱可以不择手段。古人有云"有钱能使鬼推磨",钱在一些人心目中地位可想而知。金钱的确十分重要,但是我们为了金钱失去理智,这样是不值得的。人性固然有弱点,但是人类同时也具有理性与智慧,我们应该用自己的理性和智慧去获取金钱,成为金钱真正的主人。

【故事链接】

　　程锁的父亲经商,他自己从儒。但不多久父亲"客死淮海",他徒步日行百里前去奔丧,本以为父亲还留下一些钱财,谁知父亲的资金都贷给了他人,一时又无法归还。他索性"出券悉焚之",然后将父亲留下的一头老驴卖了1000钱,扶丧归家,将1000钱留给母亲度日,自己也大病一场,三年没有出门。

　　很快,程锁的生活出现窘境,母亲希望他从商。于是他邀了志同道合者10人出去创业,克服了别人难以想象的困难,终于渐渐发家。后来,他到溧水经营粮食生意,非常讲究商业道德。当时在溧水这地方有个惯例,即"春出母钱(本钱)贷下户(穷人),秋倍收子钱(利息)"。但程锁一年只收十分之一的利息。有一年大丰收,谷贱伤农,其他商人纷纷压价收购,只有程锁平价收买。第二年大饥,粮价高扬,程锁卖谷,价格却与往年持平,百姓都称赞程锁。后来,程锁又将商业扩大到吴越间,不久他已"累数万金矣",成了一名大商人。

【延伸阅读】

　　徽商在处理经济关系时,突出了重群体抑个体这一基本道德规则。无论是对待家庭、家族内部经济关系,还是处理一般人际关系,他们都把家族的群体利益看得高于个体,强调群体利益,重公益而抑私利的特征表现在它强调个体利益与群体利益的协调,注重维护群体的公共利益,否认在家庭和家族群体公共利益之外还存在个人独立的利益财产,主张对于个人或个体的私利给予道德抑制和限定。在经商实践中,徽商举家合力率族行贾的现象较为普遍,在共同从事经济活动的过程中,为了维护家庭或本家族的公共利益,他们往往都能排除私欲而同心协力。徽商的这种经商理念和处世原则即使在今天也具有重要借鉴意义。在现代社会的商业活动中,具备团队意识非常重要。因为只有组成团队,才能够实现优势互补、能力互补、个性互补。也只有在目标统一的前提下,才能让每个团队成员都能发挥自己的效用,从而使凝聚力越来越强,效率越来越高,成功的可能性也越来越大。

【原文】

使吾以儒起家,吾安能以臭腐为梁肉;使吾以贾起富,吾安能以质剂为诗书。

【译注】

起家:创业。 臭腐:古代常用来形容官位和名利。 梁肉:泛指美食佳肴。梁,通"粱"。 质剂:西周时期的买卖契约称为"质剂",这种契约写在简牍上,一分为二,双方各执一份。质,是买卖奴隶、牛马所使用的较长的契券;剂,是买卖兵器、珍异之物所使用的较短的契券;质、剂由官府制作,并由"质人"专门管理。

假如让我以儒为业,我怎么能把做官入仕、求取功名当做美食佳肴来追求呢?假如让我经商致富,我怎么能够整天手里拿着买卖的契约,把它当作诗书典籍一遍又一遍地翻看呢?

明代歙县孙文郁,早年学儒,还未及学完,就对学儒没有兴趣了,于是就跟随家族出外经商,聚集资财积存货物,父亲叫他以商为业,孙文郁答应了,可还没有将积货售卖,孙文郁就又对经商失去了兴趣。对别人的询问,孙文郁茫然不知所归地作如上感言。

辑自《太函集》卷50《明故礼部儒士孙长君墓志铭》。

【感悟】

大诗人李白有一句诗:"功名富贵若长在,汉水亦应西北流。"人生在世几十年,荣华富贵、功名利禄如过眼云烟,生不带来,死不带去。所以对这些身外之物不要太执着,否则反而身受其累、深受其害。有一句谚语:"富人之心常如乞丐。"乞丐只想通过乞讨填饱肚子,而许多富人却贪得无厌,永远是想尽办法乞讨财富,一生都在为富而忧、为贵而虑,时时刻刻都在担心他有一天会变成穷人,这样的人,即使他有无限多的钱财,精神上却永远贫困不堪。真正的富贵,是一种精神富贵、人格富贵,懂得财富既造福自己也造福别人,懂得应该帮助别人并以此为荣。

【故事链接】

清代伍秉鉴(又名伍敦元,商名伍浩官),继承父业,从事对外贸易,在当时西方商界享有极高的知名度。伍秉鉴在洋人眼中不仅是当时的世界首富,也是一位值得尊敬的人,洋人称他"伍浩官"老爷。

一美国波士顿商人和伍秉鉴合作了一项生意,由于经营不善,欠下了伍秉鉴7.2万银元的债务。这个波士顿商人一直没有能力偿还这笔债款,所以也一直无法回到美国。伍秉鉴听说后,马上叫人把借据拿了出来,对这个波士顿商人说:"你是我的第一号'老友',是一个最诚实的人,只是运气不好。"说着他就把借据撕掉了,然后他接着说:"现在债务一笔勾销,你回国去吧。"

7.2万银元在当时是一笔巨大的财富,相当于今天300万元人民币。而当时,一艘远渡重洋的中型海船所携带的货物总价也不过10万银元左右,而伍秉鉴当着波士顿商人的面把借据撕碎,宣布账目结清,可见其富有和慷慨。

从此,"伍浩官"的名字开始享誉美国,他的事迹也被广泛传扬。当时美国有一艘商船下水时竟以"伍浩官"命名,一些和他有过生意来往的美国人在自己的官邸挂着他的肖像。

【延伸阅读】

自古徽商有儒商之称。儒商,即"儒"与"商"的结合体,既有儒者的道德和才智,又有商人的财富与成功。

从儒家的典籍来看,儒者的志向不在于追求世间的功名富贵,而在于行君子之道。据《礼记》记载,鲁哀公曾经向孔子询问儒者的行为准则是什么,孔子简要地说了儒者的一些处世之道:

"儒者平时十分庄重严肃,坐立都非常恭敬,讲话有信用,行为不偏邪。他们珍惜生命,等待时机发挥作用。"

"儒者不把金玉当作宝贝,而以忠信为宝贝;不求拥有土地,而把树德立义作为安身立命之本;不祈求聚敛财货,而把掌握渊博的知识作为富有。不是正义的事儒者就不会做,儒者与人交往就是这样的。"

"儒者不会见利忘义。面对众人的威胁和武力的恐吓,至死也不会改变操守。"

"儒者以忠、信、礼、义作为行为规范,以仁义为处世准则。即使遇到暴虐的政治,也不会改变操守。"

"儒者从政,会竭尽全力尽己所能,但是不会巴结谄媚。"

"儒者宽容厚道,学问广博又勤学不止,品行笃实仍不断提高自己。不得志时不会放纵自己,仕途通达时也遵行正道。奉行以和为贵的礼仪,并以忠信宽厚为美德。仰慕众贤而又能够与众人和睦相处。"

"儒者听到有益的话就告诉别人,让别人也有益;有好处,互相谦让;有危难,也不逃避。"

"儒者有种种美德,却从不自居自满,始终恭敬谦让、孜孜以求。"

"儒者不因贫贱而丧失志向,不因富贵而失掉节操,不因困辱、打击和刁难而背弃道德。"

鲁哀公听了孔子讲的这番话,表示自己受益良多,并说:"我这一生,再也不敢拿儒者开玩笑了。"

【原文】

阿睹物倘来耳,岂以人巧致之!君即多取,宁保常哉!

【译注】

巧:虚浮不实,伪诈。　宁:岂;难道。

不义之财如果出现在你身边,难道你就能够顺手牵羊据为己有吗?你即便能够据为己有,又怎么能够守得住而不至于得而复失呢?

明代休宁汪镗,早年因父生病,无法完成学业,"去海上业贾,息钱恒倍,入居吴越"。一次,汪镗与他人平分钱财,那人欺负汪镗,擅自多分钱财。汪镗知道后,内心平静,若无其事,并作如上感言。后来,那人真的日子过得越来越拮据,而汪镗家境却始终富足得很。

辑自《休宁西门汪氏宗谱》卷6《处士镗公传》。

119

【感悟】

不义之财不可取。孔子说:"君子爱财,取之有道。"人在社会上生存离不开钱财,但取不义之财则如盗。贪得外财,终究得到的是心里的忐忑;放弃外财,收获的是心灵的平静和坦荡、踏实。老子说:金玉满堂,莫之能守。没有内在的德性,再多的财富也不可靠。

【故事链接】

歙县鲍士臣(字汝良),5 岁丧母,20 岁丧父,贫无所依,徒步去鄱阳经商,到一旅舍时已经身无分文,只得为旅舍主人舂米度日。一天,有客人投宿该旅店,未等天明即离店而去,结果把钱袋丢在门边,鲍士臣早起如厕捡到,但困厄之中的他没有昧下此钱,而是告诉店主人,等客人寻来还给他。果然不久,失钱旅客寻返,鲍士臣如数奉还,并不受谢金。店主由此看重鲍士臣,当地人也闻其名,从而借钱给他经商,他也因此而起家。

【延伸阅读】

颜回,孔子弟子,鲁国人,字子渊,一作颜渊,又称颜子,孔庙大成殿四配之首,人称"复圣",孔子七十二门徒之首,是孔门弟子中德行修为最高者。

颜回虽然家境贫穷,经常吃了上顿没了下顿,但是他品行端正,读书刻苦,做人本分,是孔子最得意的学生。据传,颜回刚开始跟孔子学习时,大家都不了解他,所以对颜回产生一些误解。颜回每日上学来得最早,放学回家,总是走得最晚。天长日久,孔子有所觉察,问颜回在家吃的什么饭,颜回答曰:"一张饼、一碗粥而已"。孔子不信,待他次日回家吃饭时,派人悄悄跟踪,发现颜回在家只食一碗薄粥而已,哪里有什么饼呢。第二天,孔子又问颜回:"昨天吃的什么饭?"颜回还是回答说一张饼、一碗粥而已。孔子不高兴地说:"为人贵在诚实,你明明只吃一碗粥,为何说还有一张饼?"颜回说:"粥上结有一层冻皮,不就是饼么?"孔子闻之苦笑,心里却更喜欢颜回了。

有一次,同学中有人丢了铜钱,遍寻不见,就将怀疑的目光锁定在颜回身上,并到孔子那里告状。孔子问:"你看到颜回拿了?"那位同学回答说:"没有看到,但他是我们当中最穷、最需要钱的人,除了他还有谁会拿?"孔子说:"我看颜回不是这样的人,我们来检验一下,你们且不要声张。"

第二天,颜回早早来到学堂,发现座位上有一个布包,打开一看,竟然是一锭金子,里面还有一行字:"天赐颜回一锭金"。不料颜回丝毫不动心,只是提起笔来,在这行字下面也写了一行字:"外财不富命穷人"。从此以后,大家知道了颜回的高尚品格,再也没有人怀疑他了。

"外财不富命穷人"这句话的原意是指：品行端正的人懂得自力更生，不会迷失在横来的财富里。经过人们的口口相传，这句话的意思发生了改变，现在人们通常理解为：注定贫穷的人即使有了财运，也是没办法享受的。

【原文】

> 汝曹职虽为利，然利不可罔也，罔则弃义，将焉用之。

【译注】

曹：等，辈。　　罔：欺骗，蒙蔽。　　将焉用之：能有什么用呢。

你们虽然以经商获利为职业，但是却不可以采取欺骗蒙蔽的手段来获取利益，用欺骗蒙蔽的手段获取利益就是见利忘义，这样的话，有钱又能做什么用呢？

这是明代歙县汪忠浩在把生意交给儿子们时所劝勉儿子的告诫之语。

辑自《汪氏统宗谱》卷31《行状》。

【感悟】

做人讲人格，经商讲商德。人无人格难立身，商无商德难立业。孔子说过："富与贵是人之所欲也。"追求富贵是人的本性，本身没有错，关键是取得的途径是否正当，所以孔子又说："不义而富且贵，于我如浮云。"而战国时期的白圭也认为，只有具备了"智、信、仁、勇、严"这5种德行，才能成为真正的巨商大贾。

在现代社会，作为一个经商者或经营者，具备商德是经商成功的先决条件。在逐渐规范化、法制化的市场经济条件下，人们越来越注重经商策略，然而如果把道义抛在脑后，见利忘义、不讲诚信，任何卓越的经商策略也只能是一句空话。

处世金言

【故事链接】

明朝嘉靖年间,北京城里有三兄弟合伙租了一间商铺,取名"萃雅楼",专卖古书、古董、香麝、花卉4种清雅之物。为保证所售商品的质量,萃雅楼执行严格的进出货制度。对新老商家和顾客,无论买卖大小,都一视同仁,坚持"三不买、三不卖"原则:不买劣等货、不买假货、不买来历不明的货;太便宜不卖、太贵不卖、买主信不过不卖。

对此,三兄弟解释:"不卖假冒伪劣商品;不乱涨价;不缺斤短两;不欺行霸市;不卖腐烂变质食品;不欺负儿童老人;不乘人之急牟取暴利;不搞不正当竞争。不进质量低下的次货假货,这样的货品不但卖坏名声,顾客还找上门来退货,是自找麻烦;不进来历不明的货物,无论是盗贼抢来的还是窃贼偷来的,销售这样的货不但赚不到钱,反而会因此惹上官司,不但赔本,还有损名声。好东西只卖给信得过的人,这样可减少买卖纠纷。"由于三兄弟坚持"三不买、三不卖"的原则,做生意从不欺骗客人,时间一长,人们都知道了萃雅楼,纷纷慕名而来,萃雅楼的生意越来越红火。

【延伸阅读】

徽州是"商贾之乡"、徽商的发源地,却又是"程朱阙里"、"理学之邦"。徽州商人的起始虽在理学形成之前,但它兴盛成为全国最大的商帮之一——徽商,却在南宋之后,特别在明清两代。在这个时期,正好是朱熹理学在徽州盛行,且占了统治、主导地位。

在徽州文化史上,徽商与理学两者有着长久而密切的联系。从徽商的立身处世到它的政治态度,从徽商的资本来源、资本出路到它的经营方式和商业道德,无不受理学的影响和制约。但同时,徽商毫不吝惜地投资办书院、兴社学,又有力地促进理学教育的普及和发展。徽商与理学既相互依存,又相互制约,两者的共同作用和影响,促进了徽州整个文化教育事业的发展。徽州之所以被称为"东南邹鲁"、"文化之邦",正是徽商和理学共同作用的结果。

【原文】

职虽为利,非义不可取也。

【译注】

义：合乎正义或公益的。

经商虽然是从事一个以营利为目的的职业，但是不道义的利益是不可以赚取的。

这是明代成化年间歙县汪忠富在教导儿子为商时所说的告诫之语。

辑自《汪氏统宗谱》卷3《行状》。

【感悟】

经商者讲究的是"利市天下者，方能利己"。求利不贪财，是徽商的经营信条。人品即商品，人格即财富。道德败坏之人，不管是做人还是做事、从商还是从政，都很难有所发展，更谈不上功成业就。

【故事链接】

日本有个叫岛村的人，不名一文，却梦想发财，想来想去，想出一个办法。他选择了本钱很少的麻绳生意。他先在麻的产地按5角一条买进麻绳，又照原价5角一条卖给纸袋厂。很快岛村的名声出去了，如此傻帽的经销方式，使得订单雪片般飞来。于是，他又采取了第二步行动。他拿着客户的订单对供货商说："你卖给我的麻绳，我是照原价卖出的。这种赔本生意，我是不能再做了。"厂商一方面感动，一方面也着实舍不得失去这个大买主，于是一口答应将供货的价格降到4角5分。然后，岛村拿着收购麻绳的合同和收据，对买麻绳的客户说："到现在为止，我是1分钱也没赚你们的，但如果长此下去，我只有破产一条路了。"他的诚实感动了客户，客户心甘情愿地把价格提高到了5角5分，虽然价格上涨了5分钱，但是销量却下不来了。

岛村的生意越做越大，几年后，他从一个穷光蛋摇身变成了日本的"麻绳大王"。

【延伸阅读】

白圭，战国时期人，名丹，字圭，有"商祖"之誉。白圭曾在魏惠王属下为大臣，善于修筑堤坝、兴修水利。《汉书》中说他是经营贸易、发展生产的理论鼻祖。白圭主张减轻田税，征收产物的二十分之一。提出贸易致富的理论，主张根据丰收、歉收的具体情况来实行"人弃我取，人取我与"的方法经商。谷物成熟时,收进粮食;蚕茧出产时收进絮帛,出售粮食。白圭提出了农业经济循环说,认为农业的一个周期为 12 年。白圭还认为真正的商人不应唯利是图,应当有"智、勇、仁、强"4 种秉性,具备姜尚、伊尹等人的智慧、计谋,方可成就大业。这一经营准则,直到今天仍为商界广为运用和提倡。

虽然商人在古代士、农、工、商的行业划分中位居最后一位,且在中国历史上的地位一直都是比较低的,但是,白圭却用当时社会的最高道德规范来作为商人的基本素质要求,将经济的重要性等同于政治和军事。他说:"吾治生产,犹伊尹、吕尚之谋,孙吴用兵,商鞅行法是也。是故其智不足与权变,勇不足以决断,仁不能以取予,疆不能有所守,虽欲学吾术,终不告之矣。"这就是说,商业经营要求经商者必须具有伊尹、吕尚那样的深谋远虑,像孙吴用兵那样的勇敢果决,像商鞅那样的严肃认真。他认为经商也需要大智大勇的素质,更要有仁义之心,这和治国统兵的要求同样高,可见,白圭所要求的商人是一个具有很高的文化程度和高尚的道德品质的人,这和他以仁为本的经营理念是相合的。

【原文】

商贾末业,君子所耻;耆耄贪得,先圣所戒。

【译注】

耻:看不起,认为是可耻的事情。 耆耄(qí mào):泛称高龄之人。 贪得:贪求财物或权益。 先圣:一般指仓颉与孔子,前者为传说中汉文字的创造者,后者则是中国文化史上最具影响力的宗师。 戒:戒除。

经商贸易本是末业,是君子所看不起的事情;老来爱财,贪得无厌,是儒家圣人谆谆教导要求戒除的不良习性。

明代歙县吴存节经商致富后弃贾还乡,"归老于家,开圃数十亩",治田宅。以上是吴存节的经商感言。

辑自《丰南志》第 5 册《存节公状》。

【感悟】

有得必有失，有失必有得。贪得无厌只会害了自己，占小便宜吃大亏。因此，在生活当中，我们应当坦然大度地面对得失问题，不能过于在意个人的得失。但是，通常我们比较容易把得看做是应该的、正常的，把失去看做是不应该的、不正常的。所以，每有失去，仍不免感到委屈。所失愈多愈大，就愈委屈。我们暗暗下决心要重新获得，以补偿所失。在我们心中的蓝图上，人生之路仿佛是由一系列的获得勾画出来的，而失去则是必须涂抹掉的笔误。总之，不管失去是一种多么频繁的现象，反正我们对它就是不习惯。其实道理本来也很简单：失去当然也是人生的正常现象，整个人生就是一个不断地得而复失的过程。

【故事链接】

托尼是一个公司的小职员，老板让他和同事到一家欠账的公司去要钱。临去时老板说：只要谁要回了该公司欠的20万，剩下的10万利息能要回多少都属于要回之人的。贪心的同事们一个个自告奋勇，高兴地去了，结果和对方谈得不和又都纷纷空手而回。而托尼向对方公司只要了21万，虽然他舍弃了9万元的利息，但是自己也得到了1万元，公司的欠款也要回来了。

【延伸阅读】

《国史补》中记载，渑池道中有一辆马车载着瓦瓮，堵塞在狭窄的路上。当时天气寒冷，路上结了厚厚的冰，山路又陡又滑，载着瓦瓮的马车进退两难。天色将晚，公家的和私人的旅客成群结队走来，数千辆马车拥挤在后面却毫无办法。这时有一个叫刘颇的旅客催马赶来，问道："车上的瓮能值多少钱？"回答说："七八千。"刘颇立即打开包裹取出银子，将瓮全部推到山崖下。不大一会儿，车载轻了，可以顺利前行，后面的车队也喊叫着前进了。从经营上来说，刘颇在无可奈何的情况下，付钱推瓮下山是吃亏了，但他赢得的时间价值却是难以衡量的。这种以小损换大益的行为，既是经营者的目的，又是一种经营手段。

【原文】

> 钱，泉也，如流泉然。有源斯有流。今之以狡诈求生财者，自塞其源也。

125

【译注】

斯:才。　狡诈:狡猾奸诈。　塞:堵塞。

钱财,如同泉水,就好比流动的泉水一样。有源泉才会有水流。现今一些人采用蒙骗欺诈的手段获取钱财,这就像是自我堵塞源泉一样。

这是徽商舒遵刚的经商感言。

辑自《黟县三志》卷15《舒君遵刚传》。

【感悟】

义是利之源。因义生财,实际上就是让源头丰裕充足,使钱财始终如流水一般源源不断,而狡诈生财,就等于是自己塞住其来源,"自塞其源"。因此,理性的经营者,不会用恶劣、卑鄙之手段去谋取利益。舒遵刚的泉钱之喻体现了徽商对于商业道德的理性态度和基本共识,正是基于这种理性态度和基本共识,徽商形成了良好的经商理念和处世原则,并在商业活动过程中,能够自觉从仁义道德出发,追求正当的商业利润,而不乘人之危以狡诈欺骗的手段获利。

【故事链接】

清代,北京城内每年都要用一个月的时间挖城沟一次。于是同仁堂便利用这个机会在城门附近开沟的地方高悬灯笼,为行人照路。灯笼上"同仁堂"3个大字在夜色中分外耀眼,路过的行人在感激的同时,也加深了对同仁堂的印象,产生了好感。

同仁堂还主动开办慈善事业,冬天设粥厂、夏天送暑药、兴办义学、施舍棺木,提高了它在贫民中的声誉。同仁堂通过广泛的社会活动,吸引了社会各阶层的注意力,从而取得了最佳的宣传效果,树立了企业形象。

【延伸阅读】

义利之辩是中国古代传统文化的一个重要命题。过去对儒家的义利观有一种普遍的误解,认为儒家重义轻利,甚至只讲义不讲利。

孔子说:"君子喻于义,小人喻于利。"其实,孔子在这里并不是谈义利关系,而是根据人的德行作评价。君子是指有高尚道德品行的人,小人指不讲道德、品德低下的人。这两句话的意思是说,道德高尚的人能深明大义,不谋私利;道德低下的人则只知个人私利,不明大义。这两种人在社会生活中都存在,孔子所处的时代是如此,当代也是如此。孔子并不反对利,只是强调要以义取利,见利思义,追求合于义的利。后世某些儒家只谈义、否定利的做法,并不符合孔子的本意。

【原文】

> 今之吝惜而不肯用财者,与夫奢侈而滥于用财者,皆自竭其流也。

【译注】

滥:不加选择,不加节制。　竭:使枯竭。

现在有一些人过分吝啬,遇到应当花费钱财的道义之事却不肯花费钱财,这与奢侈浪费、滥用钱财一样,都是在做堵塞源泉让水流枯竭的事情。

这是徽商舒遵刚的经商感言。

辑自《黟县三志》卷15《舒君遵刚传》。

【感悟】

吝啬小气并不比奢侈浪费高尚。在别人最需要帮助的时候,应当慷慨地伸出援助之手,给予别人最及时、最有意义的帮助,这无疑是"雪中送炭"。而付出终有得到回报的时候,俗话说:"滴水之恩,当涌泉相报"。这种回报不一定是物质上的,但是至少是精神上一笔值得珍惜、富有价值的财富,这笔精神财富像一股悄无声息的清流,更加能够滋润我们的生命之树,使我们的生命之树焕发出活力和青春。

【故事链接】

清乾隆初年(1736年)大年三十,商业都会扬州,家家张灯结彩准备过年。富商巨贾之家,更是添山珍海味、备花鼓龙灯、着鲜裳艳服,奢侈之极。然而,徽州歙籍盐商程扬宗,因负债太多,这天却躲进运司鼓楼避债。

　　黑夜降临,万家灯火,远远传来阵阵饮酒欢歌之声,程扬宗颇觉孤寂无聊。将至夜半,忽闻楼梯响,抬头一看,原来是同业同乡吴绍浣,不觉一惊,问道:"你为何来此?"吴沼浣亦相问:"你为何已先至此?"程扬宗叹道:"我今年欠人银4万两,无法应付,只好来此躲债。你本厚利广,难道也是来躲债不成?"吴沼浣答:"我今年经营不利,欠债10万两。如今手头仅5万两,给甲则漏乙,给丙则缺丁,剖分无术,只得藏到这里来,以待明年经营得利后再还。"程扬宗说:"甚好,甚好,有你做伴,守岁甚佳。"吴沼浣答:"不可,我有银5万在家,自用则不足,帮助你则有余,你何不借去,尽可回家料理。"随即写了银票给程扬宗,程扬宗接票飞奔回家。过了一会儿,程扬宗又回到运司鼓楼,并带来了美酒佳肴。他对吴绍浣说:"我已将银票交给伙计料理,这下可以安心陪伴你守岁了。"两人相对而饮,甚为欢欣。

　　程扬宗本来善于经营,当年是因在海上运输时遇上大风翻船,以致亏本欠债。由于吴绍浣的接济,才不至于停业倒闭。后经努力经营,商务日益兴隆,遂致大富。吴绍浣第二年亦重整旗鼓,商务颇盛。唯程、吴两人大年三十躲债之事,传出一段佳话。

【延伸阅读】

　　徽商在侨寓地经营时,善于审时度势,抓住时机树立形象,扩大声誉,为经商创造良好的社会环境。在山东临清,徽商在客籍商人中为数最多,故明人曾有"临清十九皆徽商占籍"之语。在山东临清经商的王道济,曾经捐资近千两修建临清普照寺舍利塔第六层。临清运河岸边有一座万历年间修建的普照寺,寺中有一舍利塔,共9层,塔内中心有60余米高的金丝楠木塔心柱,每层修建费用不下六七百两白银。其中的第六层嵌有《舍利宝塔第六层纪造》碑刻,记载了徽州布商王道济在万历四十五年(1617年)捐资建造第六层塔身的经过,碑文载:"信官王道济,捐资独力完工,济字康叔……年六十岁,祖籍徽州府歙县,世习临清布业"。在临清经商的徽商们还购置土地设为东西二义冢,收埋客死的商人。在每次大型的土木工程(如修寺庙、文庙、考棚等)时,都不乏捐资的徽商姓名或铺号。

【原文】

　　人但知奢侈者之过,而不知吝惜者之为过,皆不明于源流之说也。

【译注】

但:只。　明:弄明白,理解。

人们只知道奢侈浪费的缺陷,却不知道过分吝啬的缺陷,是因为不懂得源泉与水流的关系。

这是徽商舒遵刚的经商感言。

辑自《黟县三志》卷15《舒君遵刚传》。

【感悟】

义大于利,因此不能为了一点私利无所不用其极。宽恕别人的过错,宽容别人的过失,有容人之量,适时地放对方一马,会使事情更加圆满地解决,别人也会对你感恩戴德。不能得理不饶人,抓住别人的一点错误紧追不放,这只会让人产生憎恨的心理,甚至还会给自己埋下祸根。所以,给别人留条路,不仅是为了眼前自保,也是为长久平安。

【故事链接】

徽商吴良友(字汝益,号玉泉)曾祖吴有贵和祖父吴继善曾在燕齐一带做布匹生意。父亲吴自宁继承祖业经营有方,积累了更多的资本,家产超过万贯。同宗族人帮助吴良友打理生意,经过几年变得富有,私下将经营所得据为己有的钱达千缗之多。有人为吴良友鸣不平,可是吴良友对待那个同宗族的人并没有另眼相看,还说:"他不是背叛了我,只不过是在增加我的财富的同时攫取了一点钱财,他要是真的能够变得富足,那也正是我的愿望"。

【延伸阅读】

在为人处世上,晋商也表现出了诚实忠厚的一面。他们坚持"和气生财"、"和为贵"的原则,凡事不做过分,不做法外生意,讲求以诚待人。晋商在与同业往来中,既保持平等竞争,又保持相互支持与关照。

运营资本乃商家之生命,犹如血脉,须臾不可缺少。但做生意,难免有短缺之时,互助借贷自然是常有的事。如何对待借债,对商家和个人的品格无疑是一大严峻的考验。有"天下第一乔"美称的乔家,对债务的态度是:该外的一文不短,外该的听其自便,由此足见其胸怀宽阔和品格的高尚。

有一家商店关门时,尚欠复盛公(始创于1755年,即乾隆二十年,是中国最古老的商号之一)1000两银子,复盛公经理就去那家店里拿了一把斧头了事;有

129

一家商号倒闭时尚欠复盛公5万两银子，经理登门向乔老爷请罪，乔老爷只是安慰，并不追究欠债。若仅从表面上看，乔家让借债人"听其自便"，而借债人的"自便"除感恩戴德外，那就是广为传颂了。无疑，乔家实际上等于借此做了一个永久的活广告。这件事在当时传为美谈。乔家的信誉越传越广，越传越牢靠，从而财源也就滚滚而来。

【原文】

因义而用财，岂徒不竭其流而已，抑且有以裕其源，即所谓大道也。

【译注】

徒：只，仅仅。　抑且：而且，还。　裕：使丰裕。　大道：正道，常理。

遇到合乎道义的事应当花费钱财去做，这不仅是不让财源枯竭的问题，而且是事关广开财源的问题，这正是所谓生财有道的常理。

这是徽商舒遵刚的经商感言。

辑自《黟县三志》卷15《舒君遵刚传》。

【感悟】

中国是有着几千年悠久历史的文明古国，传统文化的重要特征就是道义至上，强调做人要遵循天理、保持崇高的人格。孔子说："见义不为，无勇也。"儒家思想奠定了传统的价值观念。一个人的自我价值不在于满足个人的物质需要，而在于具有追求真理的高尚品格、崇高的道德意识和道德实践以及坚定为善的意志。无数先贤和圣哲们以身作则，为后世做出了榜样。

【故事链接】

歙县毕懋政在福建经商期间,见灾荒中百姓暴尸于野,于是出资买棺,将尸骸入殓。毕懋政还做了许多好事,帮助同行,为急难者解困,深得人们敬仰。清代婺源程锡庚在广东借贷千金,准备回婺源贩茶,可是途中眼见灾荒之年难民遍地,心中不忍,一路将钱资助难民,到了饶州时,所借钱款已基本散光。后来又遇到一位躲避债务并打算卖妻的难民时,他毫不犹豫地为其解困。

【延伸阅读】

顺治年间,海宁连年饥馑,逃荒流民络绎不绝。海宁许季觉有恻隐之心,他给官府写信,把自己准备救济难民的办法告诉了官府,言语非常恳切。官府同意了他的建议。海宁有很多富豪,许季觉给富豪们写募捐信,并张榜贴在交通要道,注明某某应该出粮若干。富豪们一向信任许季觉,因为许季觉是个大孝子,所以没有谁面露难色,共计捐粮几万石。

许季觉又登记饥民的村里、年龄、相貌、户口多寡,让饥民天天去城隍庙按花名册领取救济,人人都领到了活命口粮。后饥民在许季觉路过时,扶老携幼,手执长香跪在路边说:"许公活我"。

【原文】

> 仆没没于利,是用深愧。

【译注】

仆:旧谦称,我。　役役:形容奔走钻营的样子。　是用:因此。　愧:使羞惭。

我们商人为了赚取一点利益,整日奔走钻营,我因此深深感到惭愧。

徽商许孟洁富而好礼,致富后立志重振儒业,创立"云山书屋"命子孙业儒,因看不惯世之人多守财奴,发此感言。

辑自《许氏统宗世谱·处士孟洁公行状》。

处世金言

【感悟】

优秀的人物,一定是将自己的生命发掘得充分的人。一个人的价值不在于他得到了什么,而在于他奉献了什么。对于经商而言,赚钱的快乐不在于钱本身,而在于他通过赚钱证明了自己的能力,实现了自己的价值。一个成功人士,他得到的是精神和物质的双重满足。钱再多,一天只能吃三顿饭,只睡一张床,金银财宝又不能带进棺材,从需要的角度讲,很多钱财都是多余的。

【故事链接】

道光年间,吴鹏翔在一宗业务中,买进了800斛胡椒,买进卖出,他挣的就是差价。可是,这一次买进的800斛胡椒,还没来得及发货,就收到了供应方的紧急通知:由于处理不得法,这批胡椒有毒,请立即终止交易,愿意原价退货。谁知吴鹏翔坚决不肯退货。按照我们现在一般的理解,吴鹏翔完全可以起诉商家,敲他一竹杠也不为过。但是吴鹏翔没这么做,他把这批胡椒全部买了下来。吴鹏翔解释说,这批胡椒要是退了,供货方一不留神,有可能会再次流入市场。他这么做,尽管有损失,但是至少不会让这批胡椒再去毒害他人了。

【延伸阅读】

在宁波商帮中,一直流传着这样一句话:"做人当如叶澄衷"。叶澄衷,字成忠,浙江镇海人,清末沪上巨贾,中国近代五金行业的先驱,号称"五金大王"。叶澄衷早年在黄浦江上靠摇舢板卖食品、日用杂货为生。有一天,一位英国洋行经理雇他的小舢板从小东门摆渡到浦东杨家渡。船靠岸后,洋人因事急心慌,匆忙离去时将一只公文包遗失在舢板上。叶澄衷发现后打开一看,包内装有数千美金、钻石戒指、手表、支票本等。他没有将包据为己有,而是在原地等候洋人以便归还。直到傍晚,那位洋人到处寻包不见后才懊恼地返回寻找。不过他没有想到包丢在舢板上,更没有想到叶澄衷竟然等在渡口还他包。洋人打开皮包,原物丝毫未动,不禁大为感动,简直不敢相信这样的事实。他立即抽出一叠美钞塞到叶澄衷的手中,以示谢意。叶澄衷坚决不收,交包后就要开船离去。这位洋人见状,又跳上舢板,让叶澄衷送他到外滩。船一靠岸,洋人拉他到自己的公司,诚恳地邀请他一起做五金生意,叶澄衷答应了。从此,叶澄衷走上了商途,品德高尚的他在日后的经营中,赢得了人们的信任,获得了"五金大王"的美称。

【原文】

惜食惜衣,非为惜财缘惜福;求名求利,但须求己莫求人。

【译注】

惜:珍视,爱惜。

珍惜衣食不只是为了珍惜钱财,更重要的缘由是为了珍惜福分;追求名利无可厚非,但要依靠自己的艰苦努力,通过正当的途径来获得,不需要求人。

辑自徽州承志堂楹联。承志堂,宅居名,位于黟县,为清末盐商汪定贵的私宅,建于1855年前后,砖木结构,全屋有木柱136根,大小天井9个,7处楼层,大小60间,门60个,占地面积2100平方米,建筑面积3000平方米。承志堂木雕大多层次繁复,人物众多,且人不同面、面不同神,有较高艺术价值。

此联原为清代大臣、诗文家陈宏谋所作,载于清·梁章钜《楹联丛话》卷8。

【感悟】

做生意切不可急功近利、唯利是图,做人也一样。要想做好生意,就得先做好人,否则就会走弯路或者走不下去,真正不求回报地付出反而能得到大回报。急功近利最终是做不成大生意的,必须长远看,眼光不能只看着钱,只顾数钱的人最终将无钱可数。而只有通过前期的积累,努力的成果才能在后来爆发。

【故事链接】

吴肖甫在扬州一带经商时威望很高,许多商人遇到事情都找吴肖甫帮助谋略,对吴肖甫言听计从。当时,盐商要想合法贩售食盐,必须向官府支付一定的费用以取得"盐引"作为许可证,而取得"盐引"的费用本来是固定的数额,但是有的商贩为了自己的利益就私下多拿出钱来贿赂官吏,结果大发其财。吴肖甫知道后说:"早上刚刚种下的树苗,却因为太急功近利晚上就进行拔高,这不是什么好事。"

【延伸阅读】

劳斯莱斯于1904年问世,它的设计制造者是英国人亨利·莱斯。亨利·莱斯在很年轻的时候就立志要在汽车行业做出成就。后来,英国贵族、汽车进口商查尔斯·劳斯看上了他,与他合伙组建了后来的劳斯莱斯汽车公司。

劳斯莱斯的质量很好,坚固、耐用。据测试,劳斯莱斯的任何一种车都可以在时速高达100公里的运动中,放一枚银币在水箱上长时间不会被颤动下来。他们服务的对象也都是顶尖人物,即国王、总统、国家元首之类的。

但是再好的车也不可能永远不坏。一次,一对美国夫妇驾驶一辆劳斯莱斯在欧洲旅行时,车后轴折断了。汽车搁浅在法国的一个村落里,离劳斯莱斯的维修站有几百公里之遥。车主只好与伦敦劳斯莱斯总部联系,要求援助。几个小时后,劳斯莱斯公司派来的修理人员乘飞机赶到,把车子修好,并反复向车主赔不是。后来这对美国夫妇路经伦敦到劳斯莱斯公司交付修理费时,公司不仅没收,反而再一次向他们道歉。公司认为,他们车子的后轴折断,本是劳斯莱斯公司的过错,劳斯莱斯公司应当负责,不仅不能收费,还应当给车主更换永远不会折断的车轴才对。劳斯莱斯就是这样从平时的一点一滴事情做起,才有如此优良的国际形象。

【原文】

> 吾闻均无贫,故义造均而亦之异;和无寡,故义参和而统之同。

【译注】

均:平分。 适均:均等。 异:不同。 和无寡:和平团结,便不会觉得人少。 参和:三者合一。参,加入在内,参与;和,相安,谐调,和睦。 统:总括,合而为一。

　　我听说孔子有句话叫做"财富平均,便无所谓贫穷",所以一定要让我们仨兄弟都拥有均等的财产,每个人根据自己的不同情况处理财产;孔子还有句话叫做"团结和睦,便不会觉得人少",所以一定要让我们仨兄弟之间团结和睦、齐心协力、同心同德。

　　这是歙县阮弼将自己经商财富等分为三,分给自己的两个兄弟后所说的话。

【感悟】

　　贫与富是相对的。一个国家贫穷一点可能没有多大问题,有限的财富平均开来,谁也说不上富,谁也算不上贫,贫富都是相对而言的,失去对比,就没有了贫富之差,也就没有了富的骄奢、穷的嫉恨;人与人和和气气,就没有特别孤立、孤独的人;安定了,国家各方四平八稳的,就没有倾倒坍塌可言。穷一点,只要政治清明、和谐安定,百姓就可以过安稳的日子,国家就可以渡过难关。但贫富差距大,社会动荡不安,安居乐业就失去了存在的基础。

【故事链接】

　　阮弼在芜湖经商发家致富以后,积极提携乡人,帮助乡邻共同致富,他不遗余力。"业儒,则佐之儒;材可贾,则导之贾;能独立,则授资而薄其息;能从游,则授糈而冀其成。"

　　阮弼开创浆染帝国获得成功后,"买田置地,大建宅第",并派华车良驹回徽州老家把年迈父母接到芜湖,享受天伦之乐和人间荣华富贵。阮弼不仅孝敬父母,还不忘兄弟之间的手足之情,善待两兄弟。他把自己全部家产均分为三,兄弟三人各得其一。看到长子如此分产,阮弼父母欣慰之余仍劝道:"儿啊,你不必如此分家呀,你今天的成就都是你辛苦打拼得来的,你两个兄弟衣食无忧就已然知足了,干吗还要均分呢?"阮弼的二弟、三弟也觉得不好意思,纷纷辞谢说:"大哥你一人在外打拼,我们兄弟两人既没出钱也没出力,怎么能和你平分呢?万万不可啊!"阮弼不为所动,最终均分家产兄弟三人各得其一。

【延伸阅读】

　　在《论语·季氏》中,孔子说:"丘也闻有国有家者,不患寡而患不均,不患贫而患不安。盖均无贫,和无寡,安无倾。夫如是,故远人不服,则修文德以来之。既来之,则安之。"孔子认为,对于国家来说,不怕贫穷,就怕财富不均;不怕人口少,就怕不安定。因为财富平均,也就没有所谓贫穷;人与人之间能够和睦相处,就不会感到人少;社会安定,也就没有灭亡垮台的危险了。孔子还认为,国家应当以政治清明和安定为基础,对于那些惹麻烦、不愿归服的远方国家或民族,要以仁义道德的力量和政治的手段吸引感化他们。吸引感化后,就以善心好好地安顿他们。

孔子的"均无贫"思想在现代社会经常受到人们的批判。人们会说平均主义会造成普遍的懒惰,会使整个社会失去进取心,永远停滞在贫穷的阶段。而"不均"即不平等则可以刺激人们去竞争,使整个社会充满活力,最终可以使整个社会摆脱贫穷。其实,如果我们换一个角度来看,孔子的"均无贫"观点并非没有道理。

根据孔子的观点,只要"不均"存在,"贫穷"也就无法避免。过去人们认为,饥荒和贫穷主要是由于资源的匮乏、人口的增多,造成了粮食的绝对短缺所导致。人口的增长和自然灾害的出现,确实会使一个国家人均粮食拥有量有所下降,乃至引发饥荒,但这只是部分的原因。因为尽管资源匮乏、人口增加,但是农业技术的改进、资源的合理配置、生产的重新组合,等等,本来是可以为所增的人口提供所需的粮食的。根本问题不在于资源太少,而在于由太少的人占有和控制着太多的资源。即使在那些发生饥荒的国度,如果能将当时所有的粮食进行平均的分配,也还是能够为人民提供基本口粮,不至于饿死太多的人。20世纪60年代,在孟加拉地区饥荒高峰时期,该地区的粮食却仍然在出口。这一现象说明,问题绝不只是粮食的短缺,更重要的是当时那些挣扎在饥饿与死亡线上的民众,对那些出口的粮食没有支配权,因为那些粮食控制在少数不愁吃不饱肚子的富人手中。由此可见,饥荒和贫穷往往是由于对资源的控制和分配的不平等造成的。

受孔子"均无贫"思想影响,中国历史上各朝各代几乎都花大力气试图解决土地兼并的问题,抑制地主经济的发展,保护自耕农的利益。历代田制改革措施都是为了达到这个目的。农民起义打出的旗号往往是"均贫富",一些贤明的皇帝、宰相,往往也在"均贫富"方面采取一些措施,这些措施打击了大地主兼并势力,客观上对广大农民有利,在一定程度上遏制了中国古代社会急速走向贫富两极分化,同时也维护了国家的大一统。所以,中国在17世纪以前抑制土地兼并、维护大一统、遏制分裂、缩小贫富差别等的努力和措施,其实是明智的和有效的。

【原文】

今饥鸿载途，嗷嗷待哺，予取一钱，彼即少一勺，瘠人肥己，吾不忍为。

【译注】

饥鸿：比喻饥饿的人民。 载途：满路，有遍地的意思。 瘠人肥己：对待别人很吝啬，而自己却很贪婪。瘠，瘦，引申为悭吝；肥，胖，引申为贪婪。

现在饥民遍地，嗷嗷待食，我截取一些钱财作为回扣，饥民们就要少吃一顿饭。对待别人吝啬，对待自己贪婪，这样损人利己的事情，我是不忍心去做的。

这是婺源詹元甲在回应别人劝他截取回扣时说的话。

光绪《婺源县志》卷34《人物·义行》。

【感悟】

人们常说无商不奸，然而这并非是事实。历史上的徽商贾而好儒，见利生义，富而好施，经商一方，造福一片，不仅富甲江南，也美誉遐迩。以求利而存的商人如何能做到名利双收？儒家说："君子喻于义，小人喻于利。"原因即在于徽商讲求信义，不为眼前小利所惑，以诚信赢得顾客，他们反对见利忘义、奸诈生财，讲究信义、老少无欺。徽商认为买卖的同时也就是在推销自己的信誉，所以徽商反对以次充好，而以博取顾客信任为荣，就是找顾客零钱也要用色纯量足的银钱，甚至能够不计零头，让利于人。

塞翁失马焉知非福，失去是为了得到；只有学会放弃，才能获得长远大利。只有先学会放弃、舍得放弃，才能走出一条与众不同的成功之路。

【故事链接】

詹元甲，婺源人，早年酷爱诵读经书史籍，擅长写诗，因家里贫穷，弃儒从商。当时太守陈其崧读到詹元甲写的诗，非常赞赏，第二天即来造访，见詹元甲为人质朴,学问渊博,就想和他交往。有一年遇到大灾,太守陈其崧拿出 20 万两银子,委托詹元甲采购粮米赈济灾民,詹元甲推辞不掉,只得答应。到了采购地,旅店主人说:"在这地方买米,照例都要抽取回扣,从几百两钱到成千上万,回扣的数量视交易额而定。现在你怀揣巨额资金,完全可以抽取几千两银子作为回扣,这是惯例,不会损伤你清廉的名声的"。詹元甲非常生气,大声说:"现在饥民遍地,嗷嗷待食,我截取一些钱财作为回扣,饥民们就要少吃一顿饭。对待别人吝啬,对待自己贪婪,这样损人利己的事情,我是不忍心去做的"。

【延伸阅读】

　　明初,大臣、文学家刘基的《郁离子》中有这么一个故事:虞孚想学个谋生的手艺,就去向计然请教,学会了种漆树的技术。过了 3 年,树长成便割树收漆,收获了几百斛的漆,准备运到吴国去卖。他妻子的哥哥对他说:"我曾经在吴国经商,知道吴人热衷装饰,喜欢将物品上漆,所以,漆在吴国是上等货。我看见卖漆的人把用漆叶煮成的膏掺进漆里,这样能够获得加倍的利润,而别人却无法识破。"虞孚听了很高兴,将漆叶煮成膏,有几百瓮。和漆一起装载运进吴国。当时吴国和越国交恶,越国的商人不能进入,吴国人正缺漆。吴国的买卖中间人听说虞孚有漆,就高兴地到郊外迎接,带他进入吴国。吴国人发现虞孚的漆质量很好,就约定短期内用金币来换取漆。虞孚大喜,夜晚就取出漆叶膏掺进漆里等着交易。到交易的时候,吴国人看见漆的封盖是新的,疑心有诈,便向虞孚请求改约 20 天后交易,20 天后漆全都坏了,交易也没做成。虞孚蚀了老本,无法回家,最后只得行乞并死在吴国。

【原文】

士不得已而贾,寄耳。若龌龊务封殖,即一钱靳不肯出,真市竖矣。

【译注】

寄:依赖,依附。　龌龊:脏,不干净,比喻人的思想、品质恶劣,居心不正。　务:从事。　封殖:聚敛财货。　靳:吝惜,不肯给予。　竖:古时对人的蔑称、贱称。

君子是不得已才从商的,这不过是个谋生的手段。如果财迷心窍,一心想发财,一分钱也舍不得花费,那真是个小人!

吴瑞鹏承父业为盐商,贾而兼儒,经常以先儒的嘉言懿行自励。为人慷慨,"内收宗族,外恤同巷。亲交遇,其赴人之急,即质剂取母钱应之,亦不自德色"。他经常跟别人说:"士不得已而贾,寄耳。若蝇蚁务封殖,即一钱靳不肯出,真市竖矣。"吴瑞鹏以"士"自居,而认为务贾是出于"不得已"。后弃贾,每天督促子女读书。

辑自吴瑞鹏:《歙事闲谭》第 28 册。

【感悟】

孔子说:"穷则独善其身,达则兼济天下。"慈善是一种社会责任。强者,不在于有强大的势力,也不在于有大量的钱财,而在于他是否愿意帮助别人。不管是身处困境,还是富贵显达,只要有一颗善心就能做善事。

【故事链接】

清代王悠炽,曾经和房叔、房弟等合伙做生意,各凑了 500 金为资本,他的房弟王悠轸生意不顺,亏了本,王悠炽为了帮助他渡过难关,用自己的股本抵了他的亏欠。村里潘某从他那里贷了 400 金往苏州做生意,不久血本无归,潘某无颜见江东父老,不愿回乡。王悠炽认为生意场上胜败乃兵家常事,不能因为经商不顺就一去不归。于是王悠炽再贷银两让他想法赚一点,后来潘某终于回家和家人团聚了。潘某回家后,讨债的人很多,潘某急得生了病,为了帮助这个眼看要遭难的家庭,王悠炽又亲自上门,当着潘某的面将借券烧了,安慰他放心调养身体。逼债者见王悠炽竟这样宽厚待人,也有些惭愧,不再逼迫潘某还债,潘某一家因此得以生存。

【延伸阅读】

2009 年,美国《福布斯》杂志发布全美 400 富豪排行榜,微软创始人比尔·盖茨以 500 亿美元的净资产蝉联榜首。比尔·盖茨从退学建立微软,到成为世界首富,只用了 20 年的时间。此后,这个被美国人誉为"坐在世界巅峰的人"就几乎没有从这个位子上下来过。然而,让人意想不到的是,这位世界首富没有自已的私人司机,公务旅行不坐飞机头等舱,衣着也不讲究什么名牌;更让人不可思议的是,他还对打折商品感兴趣。然而另一面的事实显示,比尔·盖茨并不是那种悭吝的守财奴,微软员工的收入全美最高,每年都会在几千名员工中产生几十个百万富翁;为公益和慈善事业一次次捐出近 300 亿美元的善款,而且决定要在自己的有生之年把 95% 的财产捐出去。显然,这位世界首富跟那种"一掷万金、摆谱显阔"的商界强人迥然有异。据不完全统计,盖茨至今已为世界各地的慈善事业捐出 290 亿美元的财富,成为世界上最慷慨的富人。目前,以盖茨夫妇两人名字命名的比尔和梅琳达·盖茨基金会是全球规模最大的私人慈善组织,其基金规模是老牌的福特基金会的 3 倍、洛克菲勒基金会的 10 倍。盖茨多次公开表示,他名下的巨额财富对他个人而言,不仅是巨大的权利,也是巨大的义务,他准备把这些财富全部捐献给社会,而不会作为遗产留给自己的儿女。在当今社会,如果以拥有财富的多少定义强者,比尔·盖茨可以说是天下第一。做了强者的盖茨,没有炫富,没有欺凌弱小,而是通过基金帮助那些需要帮助的人。沃伦·巴菲特曾评价比尔·盖茨说:"如果他卖的不是软件而是汉堡,他也会成为世界汉堡大王。"言下之意,不是微软成就了盖茨,而是其乐善好施的品德成就了这个世上最富有的人。

【原文】

> 使吾因岁以为利,如之何? 遏籴以壑邻,是谓幸灾,天人不与。

【译注】

岁:一年的收成,年景。 遏籴:禁止购买粮食。 壑邻:以邻为壑,拿邻国当作大水坑,把本国的洪水排泄到那里去。比喻只图自己一方的利益,把困难或祸害转嫁给别人。 幸灾:因别人遭灾而高兴。 与:允许。

让我在年成不好时赚取一点利润就足够了,如今要是乘灾牟利,以邻为壑,这是幸灾乐祸,苍天也不会同意的。

休宁人吴田(吴佛童)在家勤勤恳恳耕田种地。遇到丰年粮食便宜时,就大量囤积粮食;遇到荒年,就把粮食拿出来卖。就这样,不需要外出经商,他就能够自给自足,养家糊口。某年大饥,吴田仓中积有大量粮食,有人劝他待价而沽,他却笑着作如上回答,并打开粮仓,把粮食全部以平价卖给人们。

　　　　　　辑自《太函集》卷62《明故处士新塘吴君墓表》。

四、重义轻利·重德轻财

【感悟】

　　利市天下者,方能利己。"人为财死,鸟为食亡"是人世间经常发生的悲剧,因此这是以"利"为目的的商人应该引以为戒的。除金钱以外,商人应有更高的追求,那就是对"义"的追求,这是一种至高的精神境界。具有"义"的品格才有"利"的产生,所以宁可失"利",也不能失"义"。

【故事链接】

　　有个叫崔枢的人去汴梁考进士,同南方一商人住在一起达半年之久,两人成了好朋友。后来,这位商人得了重病,他对崔枢说:"承蒙你照顾,没有把我当外人看待。我的病看来是治不好了,我们家重土葬,如果我死了,你能始终如一照顾我吗?"崔枢答应了他的请求。商人又说:"我有一颗宝珠,价值万贯,得到它能蹈火赴水,确实是极珍贵的宝珠,愿奉送给你。"崔枢接受了。他说:"我一旦考上进士,所需自有官府供给,怎么能够私藏异宝呢?"商人死后,崔枢在土葬他时就把宝珠也一同放入棺材,葬进坟墓中去了。

　　一年后,崔枢到亳州谋生,听说南方商人的妻子从南方千里迢迢来寻找亡夫,并追查宝珠下落。商人的妻子将崔枢告到官府,说宝珠一定是崔秀才得到了。官府派人逮捕了崔枢。崔枢说:"如果墓没有被盗的话,宝珠一定还在棺材里。"于是,官府派人挖墓开棺,果然宝珠还在棺材里。

【延伸阅读】

　　古徽州婺源有个不大的村落——理坑,原名叫理源,是理学创始者朱熹的故乡,意为"理学之源"。理坑建村于北宋末年,村人好读成风,崇尚"读朱子之节,服朱子之教,秉朱子之礼",被文人学者赞为"理学渊源"。在历史上,这个极为偏僻的小村落秉承勤学苦读之风,人才辈出,几百年间先后出过尚书余懋衡、大理寺正卿余启元、司马余维枢、知府余自怡等七品以上官员36人、进士16人、文人学士92人,著作达333部582卷之多,其中5部78卷被列入《四库全书》,可见理坑昔日的辉煌。

在《紫阳朱氏宗普》中朱熹写道："事师长贵乎礼也,交朋友贵乎信也,见老者,敬之;见幼者,爱之。有德者,年虽下于我,我必尊之;不肖者,年虽高于我,我心远之。慎勿谈人之短,切莫矜己之长。"朱熹所倡导的理学,俨然成了照亮世代理坑人乃至整个徽州人及中华民族人生旅途最闪亮的明灯。

【原文】

势利有荣歇,但顺吾性而已。

【译注】

势利:权势和财利。　荣歇:荣衰。　顺:服从,不违背。

权势和财利这些身外之物有盛有衰,不值得看重,只要能够按照自己的本性做事就行了。

这是明代休宁汪狮的经商感言。

辑自《休宁西门汪氏宗谱》卷6《乡善狮公墓志铭》。

【感悟】

对于功名利禄的过分执着就是贪念。贪念是人世间的祸根,贪欲强的人心理是很难平衡的。要做到心理平衡,首先必须力戒贪心。在修养身心、克制欲望方面,我们可以借鉴传统文化中的儒家、佛家和道家的思想,儒家主张修身养性,佛家主张清心寡欲,道家主张清静无为,我们虽然不一定能够成为儒家的圣贤、佛家的觉者和道家的仙人,但克制贪欲是应该做到的。

【故事链接】

明代休宁汪狮有君子风范。休宁当地,有钱有势的人,大多都喜欢与达官贵人相往来,并以此炫耀,但是汪狮却独自坚持自己做人的操守,诚恳待人,不论对方的身份显贵还是卑贱。他曾经说:"权势和财利这些身外之物有盛有衰,不值得看重,只要能够按照自己的本性做事就行了。"担任大司徒官职的汪东峰经常说汪狮是汪氏家族中真正的君子。汪狮闲暇担任官职，朝廷照例要授予汪狮官名作为特殊礼遇，但是汪狮却拒绝说："在乡里没有留下什么恶名就行了，为什么要拿什么官名自居呢？"汪狮平时粗茶淡饭，恬淡无欲，但是遇到需要周济的乡邻时，却慷慨大方，从不面露难色。

【延伸阅读】

一个人对待物质生活的态度，直接关系到他事业的成功与失败。宋朝著名的政治家、史学家司马光以他深邃的政治眼光，敏锐地洞察到了这个真理。《训俭示康》是司马光写给儿子司马康的一篇家训，在这篇家训中，司马光紧紧围绕着"成由俭，败由奢"这个古训，结合自己的生活经历和切身体验，旁征博引许多典型事例，对儿子进行了耐心细致、深入浅出的教诲，告诫他节俭，不要崇尚奢华。

《训俭示康》开篇中就写道：

我本来生在贫寒的家庭，祖上一代一代都继承了清正廉洁的家风。我生性不喜欢豪华奢侈，从小时候起，长辈给我穿上饰有金银的华美的衣服，我总是感到不自在，私下脱掉这些衣服。20岁那年中了进士，参加喜宴时，只有我不戴花，有人说："花是君王赐戴的，不能不戴"。我才在帽檐上插上一枝。我一向衣服只求能够抵御寒冷，食物只求饱肚子，当然也不故意穿肮脏破烂的衣服以违背世俗常情、沽名钓誉。我只是顺着我的本性行事罢了。

现在，许多人都把奢侈浪费看做是荣耀，我心里却独自把节俭朴素看作美德。别人都讥笑我固执，不够大方，我却不把这看作是什么缺陷，每当此时，我就回答他们说："孔子说过：'与其不逊也，宁固'，'以约失之者，鲜矣'，'士志于道，而耻恶衣恶食者，未足与议也。'古人把节俭作为美德，现在的人却因节俭而相讥，这真是匪夷所思啊！"

【原文】

前世无财当过客，今生爱字未为贫。

【译注】

前世没钱,笑笑就过去了;今生虽为一个穷书生,爱读书就不算贫寒。

辑自《古黟楹联》。

【感悟】

物质上的贫穷并不可怕,精神上的贫穷才真正可怕。物质上的富翁和精神上的乞丐是完全可能并存的,随着人们越来越追求物质享受,生活要求越来越高,精神层面则越来越空虚,越来越缺少价值追求和精神寄托。然而一个缺乏关爱、倍感孤独的人即使拥有再多的财富也不会觉得幸福。要使人们不做物质上的富翁、精神上的乞丐,就应当致力于丰富和提高人们的精神生活,注重引导人们平衡好物质生活与精神追求的关系。

【故事链接】

长洲人王武,字勤中,一介书生。虽家道中落,仍慷慨好义,与人交往不设城府,遇见人无论贵贱老少都相待谦逊,相处融洽。王武善绘花卉翎毛,远师赵昌、边鸾,近法陈淳、陆治。

王武经常生病,晚年旧病屡屡复发,不再多作画。但有的穷朋友总是勉强他作画以便自己换钱,王武欣然提笔,说:"希望以此解你燃眉之急"。

族父年老,有孙女无力出嫁,王武又抱病拼命为他作了几幅画,让他卖掉好置办嫁妆。有宾客劝他保重身体,王武说道:"我财不足而力有余,怎敢惜力自爱?"

【延伸阅读】

刘献廷,字继庄,别号广阳子,北京大兴人,清初学者。刘献廷19岁丧父母,带全家南迁隐居江苏洞庭山,当时家财还有几千两银子。后来几百人跟他游学,慕义结交的四方奇士接踵而来,刘献廷对其中穷乏者或蒙难者总是慷慨接济,于是家财一天天减少。

有位邻居的女儿已经许人,但未婚夫因为贫穷流落在外,母亲要女儿退婚改嫁,女儿誓死不从。刘献廷听说后非常同情,当时家产只剩下一间药铺了,刘献廷立刻卖掉药铺换来银子,找到邻居女儿未婚夫送给他,使邻居女儿成婚。刘献廷家境因此更加贫困。

【原文】

高怀见物理,和气得天真。

【译注】

　　高怀:高尚的胸怀。　　物理:世间万物的真理。　　和气:心平气和。　　天真:天地的真谛。

　　拥有高尚的胸怀才能发现事物的真理,保持平和心态才能领悟天地之道。

　　辑自《古黟楹联》。

【感悟】

　　一般人都喜欢听好话、受人肯定,相知就应该相惜,我们应该尽量多看别人好的一面,不吝啬多说好话。只要确实是值得称赞之处,哪怕是小小的优点,我们都应真诚而得体地给予适当的称许,给人一个美好的感觉,让他更有自信地往前冲刺。一个美好的善缘俯拾可得,何乐而不为? 但是,也绝不是一味的糖舌蜜口,要嘴皮逢迎、奉承。与人为善,用同情心去理解,同时也可以借由另一个角度去看别人的缺点或不足,进而善意地提出忠告,表达关怀、鼓励,让对方认同而发挥他应有的优点。

【故事链接】

　　潘侃年少时随他的叔父们到四川经商。潘侃精明能干,善于经营。不久,潘侃发现叔父们不善于经营,一心只想赢利,但是急于求成却往往弄巧成拙,而自己的一些正确意见又不被采纳,心里很是焦虑。他心想这样下去,生意不可能成功。于是潘侃便向叔父们要求分资独立经营,但叔父们都不同意。这时潘侃的父亲前来,于是潘侃拿了父亲的一些资本,决心独自闯荡商海。潘侃对父亲说:"优秀的商人应该善于观察市场行情,根据商品供需变化,从事长途贩运贸易,这样才有可能获得成功。而像现在这样按部就班、循规蹈矩,生意怎能做成功呢?"于是潘侃独自离开四川,远到扬州、苏州、汉口等地做生意。他放开手脚,瞄准市场供需,大胆进行长途贩运贸易,很快便大获成功。

【延伸阅读】

范蠡最初举家来到陶邑时,由于本小利微,生意根本无法做大,平日里只好做一些当地的粮盐买卖。但是,陶邑居于天下之中,是商贾往来的必经之路,范蠡自然也从这些商人那里了解到了很多信息。其中,一条有关吴越一带需要好马的消息,让他心动不已,颇想从事贩马生意赚些大钱。

他知道,在北方收购马匹并不难,而且马匹到了吴越地区也不难卖掉,但问题是把马匹运到吴越却很难:千里迢迢,人马住宿费用且不说,最大的问题是当时正值兵荒马乱,沿途有很多强盗,往往是血本无归,有时还会搭上性命。范蠡一时想不出良策,但他是个有心的人,时刻不忘探听有关贩马的信息。终于有一天,他通过市场了解到北方有一个很有势力、经常贩运麻布到吴越的巨商——姜子盾。姜子盾常年贩运麻布到吴越一带,早已用金银买通了沿途的强人。于是,范蠡想出了一条运送马匹的妙计。

这一天,范蠡写了一张榜文,张贴在城门口,内容是:范蠡新组建了一批马队,时值开业酬宾,可以免费帮人向吴越地区运送货物。不出所料,姜子盾很快就主动找到了范蠡,希望范蠡帮他把北方的麻布运到吴越。范蠡见状,喜不自禁,爽快地答应了。

就这样,范蠡与姜子盾一路同行,货物连同马匹都安全到达了吴越地区。范蠡在吴越很顺利地卖掉了马匹,赚了一大笔钱。如果仅凭范蠡一人的力量,他的马匹可能早就被强盗抢走了,但他借用姜子盾的势力,不但平安赚了钱,而且还帮了姜子盾的忙,姜子盾从此也和范蠡成了商场上的好朋友。

【原文】

书是良田,传世莫嫌无厚产;仁为安宅,居家何必构高堂。

【译注】

知识学问就是传世的良田厚产;心怀仁义比居住高楼大厦更

能让人安心生活。

辑自《古黟楹联》。

【感悟】

徽商即儒商。儒家认为,人性本善,恻隐之心人皆有之,也就是说,良知人人都有,良知是人与生俱来的天赋本能,是人区别于动物的主要特征,也是人生命的真正价值所在。徽商在自己的经商实践中,能够在特殊而又复杂的社会环境中,通过切实感受和亲身体会,领悟到儒家思想对于人生的重要指导意义,这是非常难能可贵的。尤其是要在儒家崇尚的仁义与商人追逐的利益之间平衡好关系,可谓是难乎其难。

【故事链接】

吴瓶庵,名传鼎,字雨岑,清代顺治年间休宁人,侨居江苏。吴瓶庵小时因父母双亡而辍学,长大后自学成才,喜欢结交文士,对贤人隐君子尤其敬重。在苏州人们都叫他"瓶庵",据说这是形容他像瓶子一样口小腹大,既修口又能容人,所以士人君子们都乐于与他往来。连苏州当地一些贩夫走卒都说吴瓶庵是仁厚长者。吴瓶庵还生就一副好心肠,别人有了急事困难,吴瓶庵都愿意鼎力相助。对于老无所归的穷朋友,吴瓶庵真诚地说:"我为你养老送终"。

有一次,吴瓶庵租用一艘小船,等到用完付钱时,船夫就告诉他按照惯例收费。吴瓶庵说:"米价现在都这么贵,你收这么一点钱怎么能够养家糊口!"于是加倍给船夫钱。

【延伸阅读】

《三国演义》第六十四回《庞士元议取西蜀》一节中,有一段刘备与庞统的对话,玄德曰:"今与水火相敌者,曹操也。操以急,吾以宽;操以暴,吾以仁;操以谲,吾以忠。每与操相反,事乃可成。若以小利而失信义于天下,吾不忍也。"这段话可以概括为刘备的为政为人之道。

这一点也突出表现在刘备与曹操对待西川张松的不同态度上。张松带着"金珠锦绮进献之物",怀揣"西川地理图本"来拜见曹操,以图"卖主求荣",可惜曹操傲慢无礼,见张松"人物猥琐"又"语言冲撞",便"令乱棒打出"。而刘备对张松远接近送、以礼款待,他的诚意终于感动了张松,换取西川军事地图,为胜利夺取西川之战打下了基础。

【原文】

> 人莫心高,自有生成造化;事由天定,何须苦用机关。

【译注】

此联劝诫人们要脚踏实地,安分守己,诚实做人,不要想入非非,野心勃勃,投机取巧。一切自有命运安排,不需要枉费心思。

辑自《古黟楹联》。

【感悟】

"非淡泊无以明志,非宁静无以致远。"一个心气浮躁、急于求成的人由于不能深思熟虑,往往会使事情功败垂成;一个机关算尽的人可能会得意于一时,但最终还是难免搬石头砸自己的脚。只有放下那颗被名利所牵引而躁动不安的心,放弃那些不够宽容友善的想法和心念,才能志存高远,才能洞察事物的真谛、领悟天地之道。

【故事链接】

胡兆祥,字国瑞,号芝田,徽州人,是百年老店胡玉美的创始人。早年,胡兆祥的祖父和父亲都曾经做过贩卖酱货的小生意,每天制作豆腐、酱干、酱菜、黄豆酱等货,挑到城门口附近的菜市场摆摊叫卖,以此维持生计。胡家也一心想让胡兆祥上学读书,以求将来有所作为。可是天有不测风云,胡兆祥17岁那年,父亲病故,他只得独自扛起大梁,挑着祖传的酱货担走街串巷吆喝叫卖。

道光十年(1830年),25岁的胡兆祥只身从徽州来到安庆,每天起早贪黑地挑着酱菜坛子沿街叫卖。后来他有机会结识张家湾一名叫甘厚宽的商人,甘厚宽是一位制作蚕豆辣酱的高手,他看胡兆祥吃苦耐劳、为人忠厚,就把自己的女儿许配给胡兆祥,并把自己独到的制酱手艺毫无保留地传给了胡兆祥。

胡兆祥掌握绝技后,与妻子甘妹在安庆北门外南庄岭街开设四美酱园。味辣而甘美的蚕豆酱轰动全城,生意逐渐兴旺。

　　道光十四年(1834年)，胡兆祥抓住商机，将生意做大，把酱园从城外移到城内，开设玉美义酱园。就在生意红火时，甘家族人闹起风波。甘家族人见制蚕豆辣酱能发大财，心有不甘，索性也开设起了玉成酱园。道光十八年(1838年)，胡兆祥挺进安庆商业中心——繁华的四牌楼街，开设胡玉美酱园(既以此表示不忘前人创业之艰辛，又寓以"玉成其美"之意)，而甘家族人也将店号迁至附近，开设"甘玉美酱园"。于是，两家"玉美"酱园展开激烈的竞争。

　　胡兆祥并没有与甘家族人发生正面冲突而是不断改进蚕豆酱的制作工艺，并派人前往四川学习四川辣酱的制作方法，将川味酱的特色融进自己的制酱工艺。同时，他还坚守财自道生、先义后利、以义制利等经营理念，讲究诚信，广交朋友，提高应变能力，并在管理上采取家、店分开，让店员放手经营，生意越做越大。而甘玉美酱园仍坚守原始的经营方式，边生产边销售，家店不分。由于缺乏营销策略，销售不畅，入不敷出，最后被胡玉美酱园收购。

　　光绪癸未年(1883年)，胡兆祥病逝。他临终前嘱咐家人：不要忘记祖上几代人挑的酱货担，不要忘记"胡玉美"是酱货担挑起来的。

【延伸阅读】

　　18世纪，德国皇帝威廉一世曾在波茨坦建造了一座行宫。一天，他住进了行宫，登高远眺波茨坦市的全景，但视线却被一座磨坊挡住了。皇帝大为扫兴，认为这座磨坊"有碍观瞻"。于是派人去与磨坊主协商，打算买下这座磨坊后予以拆除。

　　不料，磨坊主坚决不卖，理由很简单：这是祖上留下来的，不能毁在自己手里，无论多少钱都不卖！皇帝大怒，派出卫队强行将磨房拆了。倔犟的磨坊主向法院提起了诉讼。出乎人们意料的是，法院居然判威廉一世败诉，并判决威廉一世在原地按原貌重建这座磨坊，并赔偿磨坊主的经济损失。威廉一世只得服从地执行法院的判决，重建了这座磨坊。

　　数十年后，威廉一世与磨坊主都相继去世。磨坊主的儿子因经营不善而濒临破产。无奈之中他写信给当时的皇帝威廉二世，自愿将磨坊卖给他。威廉二世接到这封信后，感慨万千。他认为磨坊之事关系到国家的司法独立和审判公正，因此应当让它成为一座象征德国司法独立和审判公正的丰碑而永远保留。于是威廉二世便亲笔回信，劝磨坊主的儿子保留这座磨坊，将来传与子孙，还赠给了他6000马克，以偿还其所欠债务。小磨坊主收到回信后，十分感动，决定不再出售这座磨坊。这座磨房因此得以保存至今。

【原文】

安居如撑伞,遮身便是爱身;处世类围棋,出手不如束手。

【译注】

安居:安心地生活。

人生在世如撑雨伞一样,防护住身体就能够不被雨水淋湿,所以洁身自好、不被肮脏所玷污是最明智的选择;为人处世就如下围棋一样,要想围住别人,结果却往往被人所围,所以动用心计去对付别人,还不如打消这一念头逍遥自在好呢。

辑自《古黟楹联》。

【感悟】

现代社会虽然有发展迅速、物质极大丰富的一面,但是同时也暴露出物欲横流、人心不古的一面,各种污浊也在腐蚀着人们的心灵。很多人虽物质富有却精神贫穷,也有很多人为了生存而遗弃良知、出卖良知。古人说,良知是人的本性,然而生活在现代社会,贪婪的欲望和对物质的追求,让一些人失去了良知。市场如战场,一旦卷入其中,则无法独善其身,这不过是不负责任的开脱之词。殊不知,良知的泯灭会给整个社会带来巨大而不可修复的灾难后果,因此,每个人都有用坚定的信念守护住良知的责任。

【故事链接】

清代婺源程焕铨,与兄弟一道在海南经营茶叶生意,因故亏损,负债几千金。一次,有番禺友人张鉴,让同宗人运盐 2 万多斤到海南,托程焕铨代为管理。盐运到时,张鉴已经病故,宗人想乘机瓜分,程焕铨力争不让,将盐的赢利归于张鉴之子,没有做昧心之事。

【延伸阅读】

　　1991年9月,在统一后的柏林法庭上,举世瞩目的柏林围墙守卫案正在开庭审理。这次接受审判的是4个不足30岁的年轻人,他们曾经是柏林墙的东德守卫。

　　事情起因于两年前(1989年)的一天夜里。刚满20岁的克利斯和一个名叫高定的好朋友,一起偷偷攀爬柏林墙企图逃向西德。突然,两声枪声响起,一颗子弹由克利斯前胸穿入,高定的脚踝被另一颗子弹击中。克利斯很快就断了气,他是翻越这堵墙的最后一个遇难者。而当时射杀克利斯的那个东德卫兵叫英格·亨里奇,他绝没有想到,短短9个月之后,柏林墙就被推倒,而自己最终会站在法庭上因为那次杀人罪而接受审判。

　　柏林法庭最终的判决是:判处开枪射杀克利斯的卫兵英格·亨里奇3年半徒刑,并不予假释。英格·亨里奇的律师辩称:"他仅仅是执行命令的人,根本没有选择的权利,罪过不在他。"法官反驳说:"他有把枪口抬高一厘米的权力。"法官还当庭指出,英格·亨里奇明明知道这些逃亡的人是无辜的,明知无辜而杀人,就是有罪。虽然作为守卫,不执行上级命令会被定罪,但是打不准是无罪的。作为一个心智健全的人,英格·亨里奇有把枪口抬高一厘米的自主权,这是英格·亨里奇应主动承担的良心义务。

五、严于律己，真诚待人

【原文】

读圣贤书,非徒学文章掇科名已也。

【译注】

徒:只,仅仅。　掇(duō):考取。　科名:功名。

读圣贤书,不只是学习一点文章词句、为了考取功名而已。

清代婺源程执中,不仅自己酷爱读书,还令经商的弟弟们以及子侄辈业余都要读书。这是他告诫子弟们的话。

辑自《婺源县志稿》。

【感悟】

古人说:读圣贤书,做儒雅人。读书并不只是掌握大量的书本知识,因为这只能算读死书,读书的更重要的目的是为了做人,即"读圣贤书,行君子事",所以读书要读好书,尤其是读圣贤之书。圣贤之书如一艘船,载着我们从狭窄的小河驶向宽阔的大海,圣贤之书又如一盏明灯指引我们从黑暗走向光明。读书是洗涤灵魂、陶冶性情的妙方,而读一本圣贤之书能让人开阔视野、终身受益,可以让人知书达理,继承先贤的优秀品质。

【故事链接】

明万历年间,在两淮经营盐业的歙县吴彦先,业余时间酷爱浏览书籍,乐于与同行纵谈古今得失,连一些宿儒都觉得不如他,因此他博得群商的拥戴,一切营运都奉请他筹划。他不负众望,精心地权衡货物轻重,揣测四方缓急,判察天时消长,而且又知人善任,以至凡得到他指示的经商活动,都获利颇丰,一时成为了众商的智囊。

【延伸阅读】

经商是徽州人求生存的最主要的选择。在徽商和徽州商业经济发展的影响下,明清时期的徽州教育也呈现出一些不同于自然经济时代的特色,萌生了新的

教育观念。

儒家理想的教育目的是培养"正谊"、"明道"的志士和君子。虽然儒家并不讳言仕途利禄,但是儒家强调仕途利禄应建立在"学而优"的基础上。士子只有先安贫乐道、修身、齐家,然后才能考虑治国、平天下之事。但是随着唐宋以后科举制度的实施和统治阶级的诱导,士子则逐渐弃"乐道"、"明道"如敝屣,而以功名利禄的追逐为目的。宋代开始大行其道的"书中自有千钟粟"、"书中自有黄金屋"、"书中自有颜如玉"、"书中车马多如簇"等偏见,成为士子恪守不渝的箴言。到明清时期,在铨选入仕"舍科第无他途"的情况下,"士子所为汲汲遑遑者,惟是之求,而未尝有志于圣贤之道"。读书入仕成了教育几乎唯一的目的。

徽州是个"商贾之乡",而商贾在传统社会中是处于"四民"之末的,因而为了改换门庭、提高社会地位,徽州人对子弟业儒入仕的愿望就显得更为迫切。如清休宁人汪起英,前辈治盐策于淮扬,"家世饶裕"。后因其父汪新长期卧病,"困顿医药十年,竟堕业"。一日,汪起英叔父眼看家业难以为继,就对起英父亲说:"家道替矣,孺子治经不如治生。"汪起英父亲坚决不同意,并回答说:"儿读书宁不一试?试不遇,弃之未晚也"。可见,即使在家道中落、家业难以为继的情况下,"望子成龙"仍是徽商的终极关怀。家族的荣耀只能透过读书仕官才能获得,即使从商以致巨富而无名秩,仍然不算显祖扬名。这个终极的价值观念迫使大部分人投身科举,但如果没有经济基础,那么读书仕宦之途也将为之堵塞。因此又使得大多数的读书人非得弃儒就商不可。经商致富之后,方可经由己身或其族裔专心获取功名,进而实现"光宗耀祖"的人生理想。然而,读书最终能折桂蟾宫者毕竟是少数,"而苦志读书又不可多得"者则是多数。

于是从现实状况和实际需要出发,徽州的宗族家规指出:"凡我子孙,能读书作文而取青紫者,固贤矣。苟有不能者,毋遽置之不肖,尤当从容化诲,择师取友,以俟其成,庶子弟有所赖而不至于暴弃。虽不能为显公卿,亦不失为才子弟也"。这里,徽州人表达了教育目的的主次和多元的问题,即:读书的主要目的是"取青紫"、"为显公卿",假若不能,通过读书亦可以造就"才子弟"。所谓"才子弟":一是指通过读书,使子弟能够自立、自保,而"不至于暴弃"。在徽州,要自立、自保,除入仕外,主要就是经商。可见,为商业发展提供知识背景亦是徽人重视教育的目的之一。正如清代婺源人程执中对其子弟所说的:"故门下多端士。诸弟及期功子弟虽营商业者,亦有儒风。"该记述无疑也表达了儒学可以为商业服务的意蕴。

【原文】

练达人情皆学问，精明世故即经纶。

【译注】

练达：阅历多，通晓人情世故。　　经纶：理出丝绪谓之经，编成绳索谓之纶，这里指才干和抱负。

通晓人情道德，这就是学问；懂得处世之道，这就是才干。

辑自《古黟楹联》

【感悟】

事在人为，业由才举。识才用人是良商善贾高明于他人之处，也是做到人和的重要前提，是一大学问。作为商人欲成就一番事业，必须学会识才用人。凡是人才，必得信任之重用之。众多徽商兴业旺商，成功之处便是重视人才，唯贤是用，集中体现在选人讲求德才兼备，尤其以德才为本，首重在德。"有德无才可贵，有才无德可轻。"凡用人，必先察其为人处世是否历练能干，宁可大才而小使，不可小才而大用。才不称事，必至失败；力不从心，必至受挫。

【故事链接】

司马迁在《史记·货殖列传》中总结范蠡、计然经商之策时说："善治生者，能择人而任时。"许多徽商正是这样。明代歙县许秩"南讫闽广，北抵兖冀"，善于捕捉商机，能够任人趋时，积累十余年，便成富商巨贾。许秩生活于弘治嘉靖年间。成人之后，他首先是和他人在河北经商，碰上河北饥荒，他就带着积蓄回到家乡，在曾祖父的许可下，他又外出，南到福建、广东，北到兖州、冀州一带，十来年后，已经很富有了。他还不满足，又从山东青州前去湖南，第二年，他又从湖南北上，这样一来一往的贩运，让他赚了一大笔。当次年他从山东归来的时候，他已经成为乡里最有资财的人了。这个时候，算起来他离家已经 20 年了，可他回来仅两个月，又要出门。有人劝他：你年纪大了，该在家乡享受田园风光了，何必再去经历艰难险阻呢？他不听，继续在外经商。有一天，他读《货殖传》，看到四川人善于商贸,而且也善于享乐,他就有了兴致,买船溯流而上,一路上他饱览了川峡风光,又将四川的物产运到山东一带,来回两趟,获利更多。他回答劝他安享晚年的人:"男子生而桑弧蓬矢以射四方,明远志也。吾虽贾人,岂无端木所至国君分庭抗礼志哉!且吾安能效农家者流,守镃基、辨菽麦耶?"他不愿意安享田园闲适的生活,即使年纪已大,仍然还要奋斗一番。他经商除了获取资财外,更重要的是实现自己的远大志向。

【延伸阅读】

《红楼梦》第五回中有一副寓意深刻的对联:"世事洞明皆学问,人情练达即文章。"其大意是:明白世事,掌握其规律,这些都是学问;恰当地处理事情,懂得道理,总结出经验,这就是文章。

【原文】

良贾深藏若虚,无移于侈汰。

【译注】

深藏若虚:把宝贵的东西藏起来,好像没有这东西一样。比喻人有真才实学,但不爱在人前卖弄。虚,无。 移:改变。 侈汰:同"侈泰",骄纵。

一个优秀的商人,会深藏财货,而外表看起来好像一无所有一样;所以不要拥有一点财产就开始变得奢侈放纵。

这是歙县吴希元在广陵经商时,其妻与他谈论生意时所说的话。

辑自《丰南志》第5册《从嫂汪行状》。

【感悟】

徽商一直把勤俭作为经商持家的 重要规范,他们吃苦耐劳,积极进取,不畏风险。儒家倡导"均无贫"的分配观，强调恤贫、赈穷和救荒的经济政策，孔子说过"不患寡而患不均，不患贫而患不安"。《孟子》《周礼》中也有许多关于恤贫和救荒的规定。徽商受此影响，坚持因义用财，以造福于社会。他们"虽居市井，而轻财重义"，"居商无商商之心"，热心公益事业，造福社会，为自己树立了良好的形象和声誉。

【故事链接】

徽商吴季常，明末歙县丰南人，性格豪爽大度，有远大目标和志向，经商总是能够稳操胜算，为人处世表现出长者风范，深得乡里的尊敬。吴季常经常说："男子汉大丈夫生有七尺之躯，如果整天只知道贪婪地追逐利益，勾结同伙排斥异己，论才智，没有先见之明；论力量，不能扭转艰难困苦的处境；论为人，不能给人带来丝毫的好处；论学习，不能领悟精深的学问，那么他的一生注定会碌碌无为、一事无成。"

【延伸阅读】

胡贯三是西递胡氏的 24 世祖，他一生善经营、习勤俭、重儒教，是西递胡氏宗族集"商、儒、官"三位一体的杰出代表。他的生意曾做到上至武汉、九江，下至芜湖、南京，中至苏、杭二州，是当时江南六大富豪之一。人们常说"商人重利轻别离"，但发了大财的胡贯三一生最讲究商德和修养，他主张"以诚待人，以信处事，以义取利"的商德，恪守着"以善为本，以和为贵，以得为基"的处世准则，走着自己"以商从文，以文入仕，以仕保商"的人生旅途。他一生秉承祖先遗训，崇文尚义，造福桑梓，恤灾扶困，福及乡党，从而把西递推向了鼎盛。由于他乐善好施，积德行善，生前被诰封为正四品的"中宪大夫"，死后不久又被朝廷诰赠为正三品的"通议大夫"。其业绩为西递胡氏后裔引以为荣，其才德为子孙后辈所敬仰，至今仍为西递人所传诵。

五、严于律己·诚信待人

【原文】

余存心济世，誓不以劣品弋取厚利。

【译注】

弋取:获取。

我心存济世之念,绝对不卖不合格的劣质品来赚取丰厚的利润。

辑自胡庆馀堂"戒欺匾"。

【感悟】

徽商一贯"以义为利",以"汲汲济人利物为心"。每当国家和百姓遭遇大灾之时,他们总是当仁不让,站在捐赈救灾的前面,竭己所有,尽己所能,积极拯民于水火,表现出一代儒商的社会担当精神以及奉献社会、关爱民生的高尚情怀。徽商这类"义举",史料记载无数。他们竭诚捐赈,不发国难财,不赚黑心钱,为国尽忠,为民解难,为中国的社会慈善事业作出过很大的贡献。

【故事链接】

明代歙县程得鲁,经商讲求诚信,善于经营,"善贾,必轨于正经。诸贾人阑出(妄出之意,表示未得许可而擅自出售)水乡盐,射重利,得鲁独不可",当其他盐商都在纷纷以劣充好牟取暴利时,唯独他不同流合污。据《太函集》卷48《明故处士程德鲁墓志铭》记载,程得鲁虽然经商,但是他的道德品行都严格遵照儒家的规范和要求。他曾经说:"父亲以身作则告诫做子孙的要俭朴,我程得鲁虽然不够贤良,但是也希望能够学习我父亲那种俭朴的生活风范。"

【延伸阅读】

胡庆馀堂位于西子湖畔、吴山脚下,是清同治十三年(1874年)由晚清"红顶商人"胡雪岩为"济世于民"开始筹建的药号,并于光绪四年(1878年)在大井巷店屋落成并正式营业的药堂。创业伊始,胡雪岩即在营业大厅门楣上镌刻上"是乃仁术"4个大字。大厅内高悬"真不二价"金字匾额,最能使胡庆馀人铭记在心的是,至今仍挂在店堂内侧高3米、宽0.9米的"戒欺匾",上面写道:"凡百贸易均着不得欺字,药业关系性命尤为万不可欺……""采办务真,修制务精"。这些都寄托着胡庆馀人的职业道德和对商品质量的执着追求。

胡庆馀堂药店以宋代皇家的药典为本,选用历朝历代的验方以研制成药著称于世,一直到今天仍为中外人士所喜用,它和北京的同仁堂并称为中国南北两家著名国药老店。

"北有同仁堂,南有庆馀堂。"一直以来,胡庆馀堂享有"江南药王"的美称。在中国虽然有数不清的大大小小的中药号,但最有名的、被大家公认的只有"两家半"——北京的同仁堂算一家,杭州的胡庆馀堂算一家,广东的陈李济算半家。而同仁堂与陈李济的古建筑包括作坊已被全部拆掉,换成新造的房子,没有传统特色,只有胡庆馀堂则保留了下来。古朴中隐现着几分神秘,优雅里蕴藏有文化积淀。在悠久的历史中,胡庆馀堂沉淀的丰富独特的文化,可以说是中国传统商业文化之精华。

【原文】

凡贸易均著得欺字。

【译注】

著:显出,显明。

凡是贸易经商之事,都是在诚实无欺上做文章。

辑自胡庆馀堂"戒欺匾"。

【感悟】

孔子说:"人而无信,不知其可也。"诚信是立人之本,是一种人人必备的优良品格,一个人讲诚信,就表明他是一个讲文明、讲诚信的人,这样的人处处受欢迎;不讲诚信的人,人们会忽视他的存在。所以,我们每个人都要讲诚信。人若不讲信用,在社会上就无立足之地,什么事情也做不成。在现代社会,诚信更是各种商业活动的最佳竞争手段,商人在签订合约时,都会期望对方信守合约,所以,诚信已经成为市场经济的灵魂,它往往是企业家一张真正的"金质名片"。

【故事链接】

《清稗类钞》上记载，吴县有一个人叫蔡璘，字勉旃。他重视诺言和责任，重视朋友之间的情谊。一个朋友寄放了千两白银在他那，没有立下任何字据。过了不久，朋友死了。蔡勉旃把朋友的儿子叫来，要把千两白银还给他。朋友的儿子很吃惊，不肯接受，说道："哎呀！没有这样的事情，哪里有寄放千两白银却不立字据的人？而且我的父亲从来没有告诉过我呀。"蔡勉旃笑着说："字据是在心里，不是在纸上。你的父亲把我当知己，所以不告诉你。"最终蔡勉旃用车子把千两白银送还给了朋友的儿子。

【延伸阅读】

秦朝末年，楚国有一个叫季布的人，个性耿直而且非常讲信用，只要他答应的事，就一定会努力做到。也因此，他受到许多人的称赞，大家都很尊敬他。季布曾经在项羽的军中当过将领，而且率兵多次打败刘邦，所以当刘邦建立汉朝、当上皇帝的时候，便下令捉拿季布，并且宣布：凡是抓到季布的人，赐黄金千两，藏匿他的人则遭灭门三族的惩罚。可是，季布因为为人正直而且时常行侠仗义，所以大家都想保护他。起初季布躲在好友的家中，过了一段时间，捉拿他的风声更紧了，他的朋友就把他的头发剃光，化装成奴隶和几十个家僮一起卖给了鲁国的朱家当劳工。朱家主人很欣赏季布，于是专程去洛阳请刘邦的好友汝阴侯滕公向刘邦说情，希望能撤销追杀季布的通缉令，后来刘邦果真赦免了季布，而且还给了他一个官职。

有一个名叫曹邱生的人，和季布同乡，擅长辞令，能言善辩，喜欢和有权有势的朋友来往，多次借重权势获得钱财。他托人写信给季布，希望能和季布认识、交朋友。可是季布一见到他就很反感，根本不想再理会曹邱生，但是曹邱生面对季布讨厌的神色，像是没任何事地继续说："您也知道我们都是楚国人，人们常说'得黄金百斤，不如得季布一诺'这句话是我到处替您宣扬的结果，可是您为什么总是拒绝见我呢？"季布听完曹邱生的话，非常高兴，顿时改变了态度，将他当作上宾来招待。

【原文】

> 行事莫将天理错，立身宜与古人争。

【译注】

为人处世不要弄错天理，立身处世要当仁不让向古人看齐。

辑自《古黟楹联》。

【感悟】

徽商重情谊、讲道义，乐善好施、造福桑梓，对归乡的眷恋之情代代传承。家乡每有兴教办学、助文资娱、修桥补路、赈灾济困、扶贫助弱，都会视同家事，慷慨解囊，用心灵和物质来回报哺育他们的故乡。在获得丰厚的利润之后，他们大多在当地经商设店，建屋置地，促进了城镇的繁荣发展，在故乡建家祠、筑宅邸、置族田、修书院，反哺之心赤诚可见。

【故事链接】

王中梅，字开先，早年家境贫穷，上不起学、读不起书，只好在田间地头辛勤劳作。后来外出经商，因有经商天赋，每次买卖都获利不少，不几年家境渐渐宽裕起来。一次，家族中有人主张变卖旧宅，他惊讶地说："《礼记·曲礼》中说，'君子将营宫室，宗庙为先'。现在祠堂还没有建立，祖宗的亡灵还处在露天之下，我们却在大力兴建自己的房舍，即使祖宗不责骂我们，难道我们自己能够问心无愧吗？"

【延伸阅读】

徽州古村落，多聚族而居，其中相当一部分是因不同历史时期的中原战乱而进入徽州山区的。这些中原士族来到徽州后，虽然隐居山林，躬耕自给，但他们尊敬祖宗，崇尚孝道，讲究门第，有的还撰写家法垂训后代，力图保持其过去的家风。

宋以后，徽州社会受"程朱理学"的影响很大，宗法制度逐步形成。到了明清时期，徽州的封建宗法制度发展到相当完备和牢固的程度。清赵吉士《寄园寄所寄》对这种社会状况作了真实的描述："新安各姓，聚族而居，绝无杂姓掺入者，其风最为近古。出入齿让，姓各有宗祠统之。岁时伏腊，一姓村中千丁皆集。祭用文公家礼，彬彬合度。父老尝谓，新安有数种风俗胜于他邑：千年之冢，不动一抔；千丁之族，未尝散处；千载之谱系，丝毫不紊；主仆之严，虽数十世不改，而宵小不敢肆焉。"

宗法制自古以来就是与祭祀祖先密切相连的，尊祖是宗法制的首要原则。

祭祖必须要有场所,兴建祠堂正是为了尊祖,以表报本返始之心,尽子孙的孝道。祠堂,作为宗法制度的精神生活空间,与族谱、族田一起,构成了宗法制度的三要素。

祠堂的出现,经历了一个历史演变过程。中国古代只有天子、诸侯、大夫才允许修建祭祖的家庙。《礼》对祭祀先祖限定为"天子之庙不越七世;诸侯五世;大夫三世,或曰亦五世;士庶人二世、一世"。当时普通的士人庶民是不允许建家庙的,祭祖活动只能在居室内进行。宋代,程朱理学倡导"尊祖敬宗",程颐提出"庶人无庙,可立影堂",这就是百姓家中悬挂祖宗像的来历。朱熹则进一步提出士庶人修建祠堂。朱子《家礼》规定:"君子将营宫室,先立祠堂于正寝之东。祠堂之制三间,外为中门。"但是这种祠堂,还是与家庭住宅紧密联系在一起的。

明初洪武年间,朝廷开始允许庶民祭祀高、曾、祖、考。于是,永乐年间,徽州建祠活动开始兴盛。嘉靖时,大学士、礼部尚书夏言向皇帝上疏建议"诏天下臣工建立家庙",由此掀起了全国普遍建祠堂的高潮。这时,由于徽商已经崛起,成为左右中国商业活动的支柱力量之一,也成为徽州古村落加快规划建设的主要投资来源。徽州的大村大族都已有足够的经费大兴土木,因此这里的修祠风气大振。嘉靖《徽州府志》载:"村落家构祠宇,岁时俎立其间。"徽州祠堂之多、规模之大、工艺之精,是由当时的宗族经济实力所决定的,也是宗族综合能力的体现。西递村是胡姓聚居的村落,胡氏家族在祠堂的营建上是很有特色的,不但有总祠、支祠、家祠,还建有先贤祠,尤其是追慕先祖李世民的祠堂更负盛名。许氏宗祠以其族望深远、名声显赫、规模宏大、气势雄伟,成为徽歙祠堂的典型代表。

【原文】

> 傥来之物,侈用之是谓暴天,吝用之亦为违天,惟其当而已矣。

【译注】

暴天:任意糟蹋东西,不知爱惜。暴,损害,糟蹋。 吝:当用的财物舍不得用,过分爱惜。 当(dàng):合宜,恰当。

对于身外之物,奢侈浪费就是暴殄天物、任意糟蹋东西,但是在应当使用财物的时候却过分吝啬,也是违背上天意志的行为,所以凡事只要适宜恰当就行了。

歙县鲍士臣兴贩四方,以义制利,对人乐善好施,对己以勤俭自处,上面这段话就是他的处世之道。

辑自歙县《棠樾鲍氏宣忠堂支谱》卷21《鲍先生传》。

【感悟】

为富有仁,富而思源;取之社会,用之社会。在回报社会的同时,自己也获得了回报。坚信这一点的儒商,都耻于独富独贵,而喜于乐善好施、捐助公益,因为只有时刻保持这种信念,才能对社会上存在的诸种不正之风,如拜金主义、金钱至上等起到强烈的抵制作用,才可以使商业的运行更加纯净化。

【故事链接】

鲍漱芳,字惜分,清代歙县富竭乡棠樾村人。棠樾鲍氏家族世代经商,在两淮官商中具有较大影响。鲍漱芳从小跟随父亲在扬州经营盐业,是当时扬州著名的富商之一。鲍漱芳热心参加社会活动,也比较有政治头脑,1803年在川、楚、陕三省的最后平乱中,他因组织富商们捐输军饷有功,被任命为盐运使,成为握有两淮盐业大权的显要人物。整个嘉庆一朝,鲍漱芳多次捐款为朝廷济困。1805年,黄河、淮河大水灾,洪泽湖决堤,他先后捐米6万石、捐麦4万石,赈济了数十万灾民。改六塘河从开山归海,他集众输银300万两,堪称是徽商捐资赈灾的大手笔;疏浚芒稻河,他捐资6万两。鲍漱芳因此赢得了"乐善好施"的圣谕。嘉庆皇帝为了树立典型、褒奖先进,在鲍氏所居的棠樾村头赐建了一座象征"乐善好施"的"义"字牌坊。

【延伸阅读】

乾隆年间,仅扬州业盐的徽商资本就达四五千万两,而清朝最鼎盛时的国库存银不过7000万两。徽商中的传奇人物胡雪岩最有钱时,其阜康钱庄在全国各地有20多处分支,资金达2000万两白银,拥有田地上万亩,这在当时意味着,清廷近三分之一的国力是在一位"红顶商人"的操控之下。明清时期徽商之富,用"富可敌国"来形容一点也不过分。乾隆末,中国对外贸易有巨额顺差,关税"盈余"每年85万两,而大宗出口商品当中由徽商垄断经营的茶叶位居第一。而在乾隆嘉庆年间,徽商 7 次向朝廷捐银共 2640 万两。如果算上其他地方各种数目的捐银,数目非常巨大。

【原文】

> **食人之食当忠其事。**

【译注】

受人家的雇佣,吃人家的饭食,就应当忠心耿耿地做好分内之事。

清代汪启逊,字志修,婺源大畈人。幼孤贫,晨昏就塾,日伴母入山采薪。12 岁,往海阳佣于商家,为主人勤勤恳恳地工作,并经常对人说:"受人家的雇佣,吃人家的饭食,就应当忠心耿耿地做好分内之事"。

辑自光绪《婺源县志》卷 35《人物·义行》。

【感悟】

忠于职守是对一种职业的负责精神。一个企业所能够取得一定的成就,是与每个职员的爱岗敬业、忠于职守分不开的。在《三国演义》中,徐盛说过:"食君之禄,忠君之事"。与上司交往时,应该时时处处按照礼节来办事,这是一种正常的事上之道,是应尽的本分。但是,如果你在一个单位里,处处对领导人尽礼,时时按领导人的意图办事,难免会被周围的人认作是"拍马屁"。从某种程度上来说,这种不被理解本身就是社会缺乏秩序的表现。儒家孔子那个时代礼崩乐坏,所以孔子发出了如此感慨:"事君尽礼,人以为谄也"。也就是说服侍君主尽到了臣子之礼,而有人却以为这是谄媚。孔子在评价郑国贤相子产时说:他具备君子之道的地方有 4 个方面,即端己、敬上、惠下、有义。这个敬上就是服侍君主谨慎恭敬。对上不敬,必然导致各个层次上的人没有规矩,谁也不具应有的样子,国君不像个国君的样子,臣子不像个臣子的样子,就不成体统。所以,"食君之禄,忠君之事",是对人最起码的要求，作为一个下属不能做到这一点，是人性的悲哀，也是秩序的一种颠倒。

"不以规矩，不能成方圆。"按照道家庄子所说，井中之蛙不可能与它说大海，夏天之虫不可能与它说冰雪。这是因为它们都受到平生知识的局限：一个受制于井，一个受制于生命的短暂。它们虽然不知道大海、不知道冰雪，又能对大海和冰雪造成什么损害呢？对上司恭敬，不被别人所理解，反而被认为是谄媚，这种诋毁就如同井底之蛙和夏虫之流一样鄙陋得见识短浅，而对于尽礼的人来说，人格并没有丝毫的损伤。由此可见，尽管忠于上司受到人们误解，也应该坚持下去。当人们在一个单位与上司交往时，时时处处按照礼节来办事，这是一种正常的处世之道，是每个人应该尽到的本分。

【故事链接】
　　一个顾客走进一家汽车维修店，自称是某运输公司的汽车司机。"在我的账单上多写点零件，我回公司报销后，有你一份好处。"他对店主说。但店主拒绝了这样的要求。顾客纠缠说："我的生意不算小，会常来的，你肯定能赚很多钱！"店主告诉他，这事无论如何也不会做。顾客气急败坏地嚷道："谁都会这么干的，我看你是太傻了。"店主火了，他要那个顾客马上离开，到别处谈这种生意去。这时，顾客露出微笑，并满怀敬佩地握住店主的手："我就是那家运输公司的老板。我一直在寻找一个固定的、信得过的维修店，我今后常来！"

【延伸阅读】
　　离屯溪只有3公里的篁墩古村，是个看起来不起眼的千年古村，新安江古道从不远处流过，开阔的江面正对篁墩。这一带是一个很大的浅滩，自然而然也形成了一个码头和栖息地，上下水的船只一般都要在此停留一下，一时间此地人来人往，络绎不绝。
　　这个现在看起来并不太大的古村落，在历史上曾跟徽州诸多望族颇有关联，篁墩就像是一个绳结一样，将很多新安氏族系在这里。这当中一个重要原因就是：篁墩当年的繁荣处于南北朝以及隋朝时期，这个时期，恰逢中原居民大批向南迁徙。徽州在历史上有过3次比较大的移民浪潮，最大的一次就是南北朝时期。徽州望族程、朱、江、胡、吴等姓正是在这样的背景下由北方迁入的。当年迁徙徽州的各个望族，沿着新安江深入屯溪盆地之后，会先到篁墩歇一下脚，盘整一下，然后再到其他地方安居下来。徽州历来就有"徽州八大姓"和"新安十五姓"的说法，所谓八大姓，是指程、汪、吴、黄、胡、王、李、方诸大姓，倘若再加上洪、余、鲍、戴、曹、江和孙诸姓，则称为新安十五姓了。新安各姓中，程氏位列于《新安大族志》之首，"新安程氏，自篁墩始"。根据程氏宗谱的记载，两晋末年永嘉之乱时,程元潭起兵镇守新安,遂为当地太守,也由此,程元潭被后人尊为新安程氏的始祖。程元潭病逝徽州之后,其子孙即以徽州为家。到了200年后的南朝梁武帝末年,侯景起兵叛乱,程元潭的后人程灵洗又从徽州起兵保护家乡,并收复新安,后来被梁元帝萧绎任命为新安太守,并封"忠壮公"。在此之后,程氏家族一直居住在篁墩,一直到唐末黄巢农民起义时,篁墩为唐朝部将所占领,程氏族人纷纷四散逃命。动乱结束之后,一支程姓才重新回到篁墩,并在这里建立了程氏宗祠。篁墩的地位重要,还在于这个村落跟纵横历史上千年的"程朱理学"有着密切的关系。这里曾是程颢、程颐兄弟和朱熹的世居地。南宋理学家朱熹在自序家世时就提了一句:世居歙州(即徽州)歙县黄(篁)墩。不仅仅是"程朱",后来的思想家戴震族谱显示,祖上同样也来自篁墩。

【原文】

宁先人之遗,唯恐失擅之,不敢作法于奢为子孙忧。

【译注】

宁:安心。　遗:遗留的财物。　擅:占有,据有。　作法:行为表现的方式。

我安心从事父辈所留下的遗业,唯恐因为自己行为不端而败掉家产,不敢带头奢侈浪费,成为子孙后代的祸患。

汪前峰,早年在父亲指导下随兄行贾,"历楚、蜀、吴、越、闽、粤间"。针对当地有不少富商子弟贪图享乐、炫富攀比,汪前峰作如上感言。虽然家产万贯,但是始终克勤克俭,每日粗茶淡饭,一件衣袍穿了10多年仍然舍不得换新,但是遇到正义之事,他总是慷慨大方,"事关大义即无所靳,首捐万金建宗祠,祠遂为一郡最"。

辑自《大泌山房集》卷72《汪翁家传》。

【感悟】

勤与俭，是儒家传统文化中最古老的训诫。安贫乐道、内圣外王、入世拯救，是儒家传统的精神。徽商在把勤与俭以及诚、信、义等儒家优秀文化传统落到实处过程中建立起有自己特点的贾道和营运的形式。法国作家巴尔扎克说："对于节俭的人，金钱是扁平的，是可以一块块堆积起来的。"世界船王、著名商人包玉刚也曾说："在经营中，每节约一分钱，就会使利润增加一分，节约与利润是成正比的。"许多经商者也正是守住了这一优良品格，才使得他们不断地走向成功。

【故事链接】

萨姆·沃尔顿是沃尔玛的创始人，但他的节俭非常出名。有一次，一名员工被萨姆派去租车，很快萨姆又叫他退租，原因很简单，因为他不愿租用任何一种比小型汽车更大的汽车。这位员工进一步解释了萨姆这一行为：不愿意让人看见他用的东西比他属下用的东西更好，萨姆也不会住在比他属下所住的更好的旅馆里，也不到昂贵的饭店进餐，也不会去开名牌昂贵的汽车。

萨姆搭乘飞机时，只买二等舱。有一次萨姆要去南美，下属只买到了头等舱票，结果他很不高兴，但是也不得不去，因为这是最后一张票了。他的助手说："这是我知道的他唯一一次坐头等舱的经历。"

【延伸阅读】

1918 年，萨姆·沃尔顿出生在美国阿肯色州的一个小镇上。1936 年，他进入密苏里大学攻读经济学士学位，并担任过大学学生会主席。1940 年，他大学毕业报名参军，服役于美国陆军情报团。1962 年，他在阿肯色州本顿维尔开了一家连锁性质的零售店，取名"沃尔玛"。因为坚持低价策略，沃尔玛一开始就获得很大的成功。第一年，本顿维尔的商店营业额就已经达到了 70 万美元。1964 年，沃尔玛已经拥有 5 家连锁店，1969 年增至 18 家商店。1990 年，沃尔玛成为全美最大的零售商。2001 年，沃尔玛成为按营业额计算世界上最大的企业。

萨姆崇尚节俭的经营之道，相信由此带来的最低价格符合消费者的最大利益。从 5 分至 1 角商店开始，他始终采用大众化、低加价的零售经营方式，而这一点是通过日常管理中节省每一分钱达到的。例如，公司通常很少在店内或店外装饰上花钱，也很少登广告，对供应商则是一副强硬的讨价还价者的形象。而无论公司以多么低的价格购进商品，萨姆坚持加价率绝不超过 30%，即使比竞争者同样商品的价格低得多，也要坚持将利润让给顾客，且决不放弃对顾客许下的

任何商品都比竞争者价格低的诺言。

对普通的美国人来说,他不仅建立了一个面向大众的零售业,给他们带来了丰富、实用而又价格便宜的商品,而且还给他们带来了微笑、便利,帮助他们提高了生活质量。

【原文】

> 小胜凭智,大胜靠德,惟诚待人,人自怀服。任术御物,物终不亲。

【译注】

惟:只有。　怀服:内心顺服。　任术:使用手段。　御物:凭借他物。

取得小的成功要靠小聪明,要成就大事业则要靠德性,只有诚信待人,人们才会发自内心信服你。通过使用手段耍弄花招,糊弄别人,别人只会对你敬而远之。

这是明朝歙县许宪对自己经商之道的总结。

辑自《新安歙北许氏东支世谱》卷3。

【感悟】

信用,是人类经久不变的美德,更是塑造和培育商人形象的根本。俗话"百金买名,千金买誉"就说明"誉"比"名"更可贵,是要花大力、下大本钱才能得到的。在一定条件下,它比人、财、物这些有形资本显得更为珍贵、重要,因为它本身就是一笔巨大的财富。

【故事链接】

1968年,日本商人藤田田曾接受了美国油料公司订制300万套刀叉的合同。交货日期为9月1日,交货地点在芝加哥,要做到这一点就必须在8月1日从横滨出货。藤田田组织了几家工厂生产这批刀叉,由于他们一再误工,预计只能到 8 月 27 日空运交货。藤田田租用泛美航空公司的波音 707 货运机空运,交了 3 万美元(合计 1000 万日元)空运费,货物及时运到。虽然损失极大,但赢得了客户的信任,维持了良好的合作关系,并保证了信誉。

【延伸阅读】

据说,希特勒之所以在二战期间大肆屠杀犹太人,是因为他心里特别仇恨犹太人,而仇恨之源则是希特勒认为犹太人德行太差。在希特勒很小的时候,家里面特别穷,而与他家为邻的是一个非常富有的犹太人。尽管这个犹太人腰缠万贯,但他从来没有给予希特勒一家一丝的援助。一次,希特勒家人想向犹太人借 1000 元做生意,犹太人虽然是答应了,但他要求希特勒家付他每年 1000 元的利息,希特勒家表示同意。紧接着,这个犹太人又提出要以实物抵押。希特勒家为了筹到资金继续让步,用家里唯一的一口值钱的铁锅作了抵押。犹太人还说既然是借 1 年,明年你连本带息要付 2000 元,不如你先付给我 1000 元的利息吧。结果一来二去,希特勒一家不仅没有借到钱,而且还损失了家里唯一值钱的铁锅。这件事在希特勒的心里投下了挥之不去的阴影,也因此埋下了仇恨的种子。因为那个犹太商人德行太差,竟然惹来种族性的大屠杀。这个说法虽然无从考究,但即便是故事,也深刻地揭示了对一个人、一个民族来说,德行是多么的重要。

【原文】

凡待人,必须和颜悦色,不得暴躁骄奢,高年务宜尊敬,幼辈不可欺凌。

【译注】

凡:只要。　高年:指老年人。　务:务必。　宜:应该。

辑自《士商十要》。

【感悟】

笑脸相迎不是懦弱的表现,商人求 强好胜,逞血气之勇。
财,以和为贵。因此,商人不应与人争

【故事链接】

《韩非子·外储说右上》中记载着这么一个故事:宋国有个卖酒的人,他的酒很好,人也和气、公道,但是生意却很清淡。为了招徕生意,他总是将店堂打扫得干干净净,将酒壶、酒坛、酒杯之类的盛酒器皿收拾得清清爽爽,而且在门外还高高挂起一面长长的幌子。远远看去,这的确像个会做生意的酒家。然而奇怪的是,他家的酒却少有人问津,常常因卖不出去而使整坛整坛的酒变质。

这个卖酒的宋国人百思不得其解,于是向一位长者请教这好酒卖不出去的原因。长者告诉他:"这是因为你家养的狗太凶猛了的缘故。我们都亲眼看到过,有的人高高兴兴地提着酒壶准备到你家去买酒,可是还没等走到店门口,你家的狗就跳出来狂吠不止,甚至还要扑上去撕咬人家。这样一来,又有谁还敢到你家去买酒呢? 因此,你家的酒就只好放在家里等着发酸变质了。"

【延伸阅读】

《士商十要》,原为休宁渠口无名商人手抄《江湖绘图路程》中的一部分。全文如下:

凡出门,先告路引为凭,关津不敢阻滞。投抄不可隐漏,诸人难以挟制。此系守法,一也。

凡行船,宜早湾泊口岸,切不可图快行夜。陆路宜早投宿,睡卧勿脱内衣,为防备不测,二也。

凡店房门窗,常宜随手关锁,不得出入无忌;铺设切勿华丽,诚恐人动耳目。此为谨慎小心,三也。

凡在外,秦楼楚馆之处,不可私自潜行。适与酌杯,不可夜饮无度。此为少年老成,四也。

凡待人,必须和颜悦色,不得暴躁骄奢。高年务宜尊敬,幼辈不可欺凌。此为忠良厚善,五也。

凡收账,全要腿勤口紧,不可蹉跎怠惰。收支随手入账,不致失记错讹。此为勤慎细心,六也。

凡与人交接,便察言观色,务要避恶向善。处世最宜斟酌,切勿欺软畏强。此为刚柔相济,七也。

凡议事,必须公众商议,不可一意为主。买卖见景生情,不得胶柱鼓瑟。此为活动乖巧,八也。

凡工席,务宜谦恭逊让,不得酒后喧哗。出言要观前顾后,切勿胡言乱谈。此为鹜实至诚,九也。

见人博变赌戏,宜远不宜近。遇人携妓作乐,切勿沾染作要。此为至诚君子,十也。

【原文】

诚有以自树,即倚市转谷,何为不可?

【译注】

自树:自己在道德品质上有所建树。 倚市:经营商业。 转谷:即转毂,谓以车载物而逐利者。

如果一个人品行高洁,那么即使经营商业、从事买卖,又有什么不可以的呢?

明代歙人许国早年曾从父经商。他曾经发感慨地说:"淮河以北的枳子移植到淮河以南就变成了橘子,而莲花却能出污泥而不染;蒲柳一到秋天就落叶飘零,而松柏的枝叶历经寒冬却不会凋落。事物各自都有自己的特性,老天都改变不了。如果一个人并没有什么德性值得称道,那么即使特立独行,不食人间烟火,隐居山林之间与木石为伴,声名也会像干枯的草木一样,很快就会消失得无影无踪了。如果一个人品行高洁,那么即使经营商业,从事买卖,又有什么不可以的呢?"

辑自《许文穆公集》卷2。

【感悟】

徽商身上普遍具有4种特征:坚忍不拔的吃苦耐劳精神,积极进取的开拓精神,诚实守信的诚信精神,"贾而好儒"的儒家情结。其中,徽商的儒家情结是徽商强大的精神支柱,正是有了积极入世的儒家思想作为精神动力,徽商才能够在复杂的业商活动中显示出卓越的道德品质和鲜明的性格特征。徽商自幼受儒家思想的影响,所以始终讲求诚信待人,慷慨好施,因此能够与他人建立友善的关系,这样遇到困难时也能遇到援手,甚至左右逢源、逢凶化吉。

【故事链接】

王子承在蜀业木 40 年,孤身在外,困难很多,况伐木运材更需大批劳力参与。王子承"务推赤心",结果"不招而集,不约而坚,蜀人蚁附之"(《太函集》卷17)。他也因此成为富商。

明代歙县郑孔曼,出门必携书籍,供做生意间隙时阅读。他每到一地,商务余暇当即拜会该地文人学士,与其结伴游山玩水、唱和应对,留下了大量篇章。同乡人郑作,也嗜书成癖,他在四处经商时,人们时常见他"挟束书,而弄舟"。所以认识郑作的人,都说他虽然是个商人,但身上没有一点商人的习气。

【延伸阅读】

许国,字维祯,明代歙县人。父许铁经商于昆陵,挈之同游。年 18 回新安,始入学。父卒,家贫,授徒为业。嘉靖四十年(1561 年),应天乡试第一名。万历年间,历官司经局洗马,南京国子监祭酒,詹事府詹事、翰林院侍讲学士,礼部侍郎、尚书。因是太子的师傅,又劳苦功高,获皇帝恩准修建许国石坊。后来,人以石坊而闻名。

许国石坊,又名大学士坊,俗称八脚牌楼。矗立于古城中心,跨街而立,建于明万历十二年(1584 年)。石坊建筑技术十分高超,结构严谨,布局合理,形制为国内罕见。许国石坊是全国重点文物,位于歙县县城阳和门东侧,是明神宗为表彰嘉靖、隆庆、万历三朝功臣许国而钦赐宫建石坊。许国石坊巍峨壮观,雕饰极为华丽。8 个柱子用梁枋相连,上部冲天柱略小,下面用 12 只大狮,结构安稳固实。柱子和横枋细刻团花锦纹和祥云仙鹤,以突出月梁上的主题图案。这些图案乃是当时的社会意识和许国的功名成就的写照。如南面的龙表示对王权的尊重,西面的飞鲤表示许国是科班出身,"三报(豹)喜(鹊)"表示许国连升三级等,比喻许国地位的显赫。这座牌坊从建筑结构、装饰艺术和石雕工艺等方面看,堪称是民族文化遗产中的瑰宝,是中国古代建筑史上的杰作。现为全国重点文物保护单位。

【原文】

世事让三分，天宽地阔；心田存一点，子种孙耕。

【译注】

世事：指社交应酬和人情世故。　心田：佛教语，即心，谓心藏善恶种子，随缘滋长。

在与他人交往时，只有宽容豁达，事事让三分，才有助于扩大交往空间；培育一点善德，留一些嘉言懿行，让子孙后代效法，有所收获，有所继承。

辑自徽州楹联。

【感悟】

凡事都要谦让，生活的天地才会宽阔；不能把事做绝，要留有一定的余地。凡事都要谦让，这不是不要尊严，而是冷静、理智、心胸豁达的表现。来日方长，又何必去争眼前高低呢？宽容别人就是善待自己，宽容也是一种美德。所以矛盾面前我们不妨退一步，放下愤怒，来善待自己。有人认为宽容伤害自己的人不是一件容易的事；有人说："心就是一个容器，当爱越来越多时，仇恨就会被挤出去。"因此，我们不用刻意地去消除仇恨，而只需不断用爱来充满内心。朴素而精辟的哲理，往往能够起到鼓励人们积极向上、引导人们自觉进行道德完善的作用。

【故事链接】

清朝的宰相张廷玉与一位姓叶的待郎都是安徽人。两家相邻而居，都要起房造屋，为争地发生了争执。张老夫人便修书京城，要张宰相出面干预。张宰相看罢来信，立即做诗劝导老夫人："千里家书只为墙，再让三尺有何妨？万里长城今犹在，不见当年秦始皇。"张老夫人见书明理，立即把墙主动退让3尺，叶家见此情景，深感惭愧，也马上把墙让后3尺。就这样，张、叶两家的院墙之间，形成了6尺宽的巷道，成了有名的"六尺巷"。张廷玉失去的是祖传的几分宅基地,换来的却是邻里和睦及流芳百世的美名。

【延伸阅读】

　　履福堂位于黄山市黟县西递村司城第弄内,建于清康熙年间,为收藏家、笔啸轩主人胡积堂故居。这是一座分前后厅、三间三楼结构的民居建筑,高大宽敞,雅秀古朴。前厅挂有一幅很大的《松鹤》中堂画,中堂上方悬挂"履福堂"匾额,字体遒劲。中堂两侧和东西列柱上,挂有泥金木制楹联,上刻"孝悌传家根本,诗书经世文章","世事让三分天宽地阔,心田存一点子种孙耕","第一等好事只是读书,几百年人家无非积善"等古训。厅内陈设"压画桌",桌上东侧置放一花瓶,西侧摆设一古镜,取谐音"东平西静"之意。中间放着一古钟,两侧各有古瓷"帽筒"一个。八仙桌上陈列文房四宝,厅两旁摆有罗汉椅。板壁上挂有古代画家的字画,其中有程兰舟楷书、黄元治书法木雕、郑板桥竹黄贴画和《猫戏蝶》图等。后厅右侧墙上挂有一把木质古扇,上刻"清风徐来"4个古隶字,一扯动绳子,板扇即轻轻来回摆动。天井两侧各有12扇木门,全雕了花草、飞禽、走兽,在每扇门中段各雕了一则孝义故事,合起来恰是一幅《二十四孝图》。天井下还设有金鱼池,摆设假山盆景。楼上厅里挂有胡氏祖容。整座宅居古风盎然、书香扑鼻,具有中国古代典型的书香门第风貌。

【原文】

舟楫所至,以信义自将,榷会不欺于场。

【译注】

　　自将:自己带着;自己拿着。　榷会:古代倚仗特权,促成商人之间的交易,从中取利。

　　徽商所到之处,时时处处讲求信义,每一笔交易都能够做到不欺不诈。

　　这是明代汪狮的经商所感。

　　辑自《休宁西门汪氏宗谱》卷6《乡善狮公行状》。

【感悟】

　　一座建筑无论如何华丽、如何坚固，总有褪色和衰败的一天；而一种道德、一种精神，可以穿越岁月，永久地留给后世。诚实不欺是沟通徽商与顾客之间的重要桥梁。徽商在经商过程中十分注重信义至上，坚守诚信商德，努力维护和创造良好的商业秩序，为徽商赢得了良好的信誉。

【故事链接】

　　吴士东在苏州阊门外开了一家小铺子，做着不大的生意。1860 年，太平军攻陷苏州，城中百姓惊恐万状，商家也纷纷关上店门四处逃散。就在这个时候，江西商人满载丝棉织品的货船驶进了苏州城，但是以前的老主顾不少都弃店而逃了。走投无路的江西商人一抬眼看到了吴士东的小铺子，于是就把货物屯进了他的小店。以后一年多的时间里，吴士东东奔西走，把江西商人的货物散发给各地的商家。世道太平了，吴士东碰到再次来苏州的江西商人，首先做的一件事情，便是将货款交到他手上。吴士东的铺子还是那么小，只是各地的客商都愿意和他进行交易，他们想亲自感受一下吴士东的诚信，并对这样的诚信，表达一种尊敬和向往。

【延伸阅读】

　　美国凯特皮纳勒公司，是世界上生产推土机和铲车的大公司，它在广告中说："凡是买了我们产品的人，不管在世界哪一个地方，需要更换零配件，我们保证在 48 小时内送到你们手中；如果送不到，我们的产品白送给你们"。他们说到做到，有时为了将一个价值只有 50 美元的零件送到边远地区，不惜动用直升机，费用竟高达 2000 美元。当无法在 48 小时内按时把零件送到用户手中时，就真的如广告所说，把产品白送给用户。由于经营信誉高，这家公司历经 50 年而生意兴旺不衰。

【原文】

> **处事最宜斟酌，不得欺软畏强。**

【译注】

为人处世一定要仔细思量,不能够欺软怕硬,心术不正。

辑自《士商十要》。

【感悟】

徽商的经营活动作为一种经济活动,已经成为过去。但是徽商已经用实际行动证明,在商品交换中,商业经营活动并非一定要充斥着讨价还价、尔虞我诈、钩心斗角等行为,相反,它完全可以凭借诚实守信、公平公道、老少不欺来取得成功,来打开一片天地,来开拓广阔的市场。徽商的精神品质,尤其是融入传统文化中的以诚信为核心内容的商业道德仍有当代价值,在当前市场经济建设中尤其值得发扬、值得借鉴。商品生产者和商品经营者之间,商人和顾客之间,利益都是在商品买卖中实现的,因此,二者之间是互相依存、互惠互利关系。要想得到顾客的青睐,就必须考虑对方的利益,"廉取"和"利人"是徽商对诚信的表述,"互惠"、"双赢"则是今人对诚信的诠释。

【故事链接】

明代祁门程神保年幼之时,父亲便带他在济南、邳间一带经商。其间父亲不仅让他"蒙霜露、沐风雨,绝甘分少",而且命他"与庸杂作",在饱尝经商辛酸的同时,磨炼出了吃苦耐劳的品质。后来程神保拿着妻子李氏"蚕织簪珥"所换得的30金为本钱,前往福建做生意。有一次,福建商人卖染料时误算,多给了他50石,左右的同行以为这一下程神保可发了意外之财了。程神保虽本小利微,对此却并不动心,说:"这位老板记错了,才会出此失误,我可不能昧着良心!"立即把那老板叫回来,说清情况,如数还给了人家。程神保在做生意中好不容易积累了700余金,在楚地经商时,恰遇饥荒,百姓贫病不堪,程神保存恻隐之心,对于无法还贷的一概不再追取,几年下来,只剩下百余金回家。为了一个"义"字,700金成了百余金,人家钱越赚越多,而他却是越赚越少,只求了个心安。

【延伸阅读】

清代婺源茶商朱文炽,"性古直",有一次他将新茶贩运到珠江,由于交通不便,贩运的时间太长,到达珠江时已经超过了茶叶的上市期限,耽误了卖茶时机。对于积压的茶叶,在交易文契上,他总是十分诚实地写上"陈茶"二字,以示不欺。那些茶行经纪人极力地劝他不要这样做,认为把陈茶当新茶卖可赚更多的钱。朱文炽面对利的诱惑、牙侩们的压力,仍"坚持不移",20多年朱文炽为此亏耗了数万金,即便如此,朱文炽却无怨无悔。朱文炽凭借诚信之名获得了当地百姓的信赖,经商发了财。当时和他一起外出经商的同乡亡故后,很多都无法魂归故里,于是朱文炽发动当地徽商共同集资,一旦遇有同乡经商者亡故,其他人负责出资将死者的灵柩运送回原籍,使在外经商的徽商"无骸骨弃外者"。

【原文】

存忠孝心,行仁义事。

【译注】

古人把"忠孝仁义"作为做人的标准,此联意为劝人要修行道德操守。

此联原为朱熹所写,后流传很广,在江西庐山白鹿洞书院、武夷书院等风景名胜都可见到明清时期的摹本。

辑自《古黟楹联》。

【感悟】

儒家创始人孔子是一位揭示人生真谛的"至圣先师",他的思想成为我国传统文化的一份极其珍贵的遗产,体现了人类的共同价值追求,随着时代的发展越来越显示出其恒久的魅力和普适的价值。当今时代,儒家提倡的"忠、孝、仁、义、礼、智、信"仍然没有过时,也不会过时,因为一个国家和民族即使再发达,也需要最基本的道德规范和价值标准,否则,难免沦落到是非混淆、美丑颠倒的地步,那么这个国家、这个民族将是不会有前途的。

【故事链接】

婺源汪光翰,字文卿,明朝崇祯末年客居川南道胡恒幕府,入清朝后不愿出仕。

胡恒驻守邛州时,张献忠攻陷成都,分兵攻打邛州。胡恒派汪光翰出城调兵。汪光翰还没回来,邛州已经陷落了,胡恒与儿子胡士骅战死,全家遇害,只有胡士骅妻子朱氏抱着幼子胡峨生藏匿民间得以幸免。敌将武大定听说朱氏美色,抢入军营,朱氏于是割面毁容,武大定只得放了她。

汪光翰后来跋涉崎岖,在荒无人烟地区找到朱氏母子,随即尽心侍奉。当时大饥荒,一斗米10两银子,汪光翰千方百计保护朱氏母子,或者当私塾先生教授儒经,或者坐在集市中吆喝贩卖,挣钱供朱氏母子喝上粥,20多年孜孜不倦。

朱氏教育儿子很严格,胡峨生也知道发奋读书。四川战乱平定后,三峡交通恢复了,汪光翰于是亲自护送朱氏母子回到胡恒老家。

【延伸阅读】

据《清稗类钞》记载,施于德,字孟达,嘉定人。施家一向富裕,后来,施于德从商,家境更加蒸蒸日上。而施于德生性仁恕,佃户中有人拖欠田租,他也不计较,还说人家现在穷困,并非故意拖欠。宁愿自己受损失,也不忍去官府告状。施于德曾经拿出一本账簿烧掉,里面记载的都是田产积欠,总计约9000多两银子。几年后,施于德又拿出一本账簿烧掉,金额比上次多一倍。

【原文】

> 泪酸血咸,悔不该手辣口甜,休道世间无苦海;金黄银白,但见了眼红心黑,哪知头上有青天。

【译注】

事情总是要等到血泪教训时,才后悔当初不该心狠手辣、口蜜腹剑,所以不要认为这世上没有苦海、没有报应;看见了黄金白银就要眼红妒忌,于是就昧着良心不择手段,哪知道三尺头上还有神灵。

辑自《古黔楹联》。

【感悟】

追求名利是人的自然本性,但是必须要经过一番辛勤的付出,而不可苛求名利,更不可见利忘义、利令智昏。不要过分追求身外之物,少一些奢求,就可以减一些压力。面对诸多诱惑,应洁身自好,心如止水,让心态理性、身心自在,让步伐矫健、姿态轻盈,同时,对他人、对社会多一份关爱,多一份责任,生活将会充满乐趣。

【故事链接】

胡荣命曾在江西饶州一带经商。胡荣命为人处世极有诚信,他所打理的商号每日顾客盈门。后来,胡荣命因年事已高,准备回乡颐养天年,在离开之前,他忍痛关了店铺摘下招牌。一位商界朋友欲花大钱买下他的招牌,胡荣命执意不肯,亲朋好友百思不得其解。胡荣命解释说:"这招牌是我用几十年的诚信打造出来的,他若是想日后把生意做好,自己先要做到诚信。他如今想用我的招牌就已经是不诚信了。我不能因为贪利而毁了自己几十年塑造起来的信誉。"

【延伸阅读】

范蠡是中国历史上最早的商人,被称为是商人鼻祖,是 16 两秤的发明者。范蠡经商过程中,发现在买卖商品时竟没有一个统一的标准,买家与卖家之间经常发生小矛盾。为此,范蠡经过苦思冥想发明了秤。范蠡将南斗的 6 颗星和北斗的 7 颗星加在一起,以一颗星代表一两,因此起初发明的秤是 13 两一斤。范蠡的发明得到了人们的认同,很快在各个国家的各个地区通行起来。但很快,范蠡就发现,他的发明被不法商人利用,出现了缺斤少两的现象。为了规范商人的正常交易,范蠡对这种 13 两秤做了改进,在原来 13 两的基础上又加了福、禄、寿 3 星。他的本意是:倘若短斤少两,少 1 两"损福",少 2 两"伤禄",少 3 两"折寿",希望以此规范商人的正常交易。秤从此成为商人交易必不可少的工具。

【原文】

说话要言行一致,行为要表里如一。做人要前后一致,做事要大小如一。

【译注】

辑自胡雪岩名言。

【感悟】

平平淡淡才是真，矫揉造作总给人以虚伪之感。一个品德高尚的人，就是一个表里如一、内心纯朴的人，他的言谈举止并没有什么特别的地方。人生如同一座大舞台，每一个人都是演员，都在扮演不同的角色，每一个人的所思与所行往往不一样，可能存在着真真假假、虚虚实实。如果我们都能够卸下过多的虚伪面具和心理重负，撇去种种伪装、怨恨和敌意，回归到自然、纯真、朴实的心境，那么我们至少有机会领略生命的本色，感受生命的美好。

【故事链接】

清代婺源王世勋在广东经营茶叶生意。一次，他和同县的胡某同路一起从广东贩茶回到家乡，胡某在王世勋家里存放了一只箱子，然后就又外出做生意去了，结果一去3年没有音信。后来胡某回来时见箱子原封不动，一切如故，就问："里面有白金千两，为何不打开使用作经商资本？"王世勋回答说："这箱子不是我自己的，我怎么能够随便动用呢！"王世勋不昧人金的行为，受到同行的钦仰。

【延伸阅读】

清代道光年间，婺源程秀实在广东做生意。虽然身为生意人，程秀实却十分崇奉儒家之道，他从不唯利是图，从不贪图不义之财。当时他的仲弟程元瑞在江右为官，程秀实每次赴广东的路上，必定要到官署看看，并总是谆谆告诫程元瑞洁己奉公。当他发现程元瑞为官勤政爱民，廉洁奉公，就高兴地说："这样才足以告慰先人在天之灵"。

【原文】

书可读田可耕，山中宰相；仰不愧俯不怍，世上神仙。

【译注】

山中宰相:比喻隐居的高贤。　世上神仙:灵性极高且行善事的人。

既能够读书识字又能够耕田种地,默默无闻做个山中高贤;一生所言所行都是善事,问心无愧,可以坦然面对天地,没有做过对不起别人的事情。

辑自《古黟楹联》。

【感悟】

人生在世,要做一个堂堂正正的人,一个大写的人。勤奋工作干事业,质朴俭约以养德。不求流芳百世,但求无愧于心。

【故事链接】

婺源詹世鸾在广东经商时,看到许多茶商因遭灾亏损无法回乡,詹世鸾拿出不下万金的钱财,慷慨资助。詹世鸾还和许多徽商一样热心社会公益,"立文社,置社田,建学宫,修会馆,多挥金不惜"。到后来,詹世鸾自己在病逝时,口袋里已经所剩无几了。詹世鸾的义举赢得了文人士大夫阶层的敬重。

【延伸阅读】

李鸿章晚年收藏的一副对联发人深省、耐人寻味,这副对联上联是:享清福不在为官,只要囊中有钱仓有米,腹有诗书,便是山中宰相;下联是:祈寿年无须服药,但愿身无病心无忧,门无债主,可为地上神仙。横批:天天快乐。

【原文】

为人不可贪,为人不可奸。经商重信誉,无德不成商。

【译注】

辑自胡雪岩名言。

【感悟】

自私贪婪的行为损人不利己，最终害人害己。因为这样的人会为了贪求眼前的一点小利，不择手段，为所欲为，在扭曲自我本性的同时，也损害他人和社会的利益。自私贪婪的人，为了满足自私的欲望，什么仁义道德，什么法律规范，一概都可不顾，即使是亲人之间也会争得面红耳赤，朋友之间的情谊也会一脚踢开。更主要的是，无论是贪还是奸，都不只是简单的个人品质问题，因为它会通过各种途径蔓延扩张，逐渐污染和败坏整个社会风气，就像是生命肌体上的一个癌细胞、一个肿瘤，它会不断扩散，致使健康细胞发生癌变。所以，贪和奸就像是人的心理疾病一样，应当及早预防和治疗，而道德修养则是自我去除贪和奸的灵丹妙药，是最根本、最有效的办法。

【故事链接】

歙县棠樾鲍氏家族是徽商世家。鲍文玉在闽粤一带经商，从事海上贸易。当时商船出海，遭到劫掠的情况不计其数。但是鲍文玉在这种险恶动荡的经商环境中，始终坚持儒家的诚信之道，靠良好的商德拓展事业，以诚待人，不欺不诈。鲍文玉有文化，还常常帮助别人写家信。鲍文玉良好的商德在当地有口皆碑，受到人们的称赞。甚至每到一个地方，鲍文玉把货物一摆好，人们就争相购买。市场上买卖的人没有谁忍心欺负他，人们都说："鲍文玉真是个至诚的君子！"鲍文玉的海上生意因此做得比较顺畅，人们都说鲍文玉的生意发达、往来于海上能够安然无恙就像有神相助一般。

【延伸阅读】

年羹尧，字亮功，号双峰，清朝军事人物，安徽怀远人，进士出身，官至四川总督、川陕总督、抚远大将军，还被加封太保、一等公，高官显爵集于一身。父亲年遐龄长于心计，精打细算，锱铢必较，年羹尧颇不以为然。

年羹尧12岁时，从私塾逃学回家，经过郊外，看见一位老奶奶倚坐在树根旁哭泣，眼睛都哭肿了。年羹尧问她有什么苦处，老奶奶说，自己就住在附近，哭是因为4个儿子都游手好闲，不从事生产，天天与无赖赌博，输尽了钱，只有卖掉房子偿债。现在买卖房屋的契约已签，屋主天天催促赶快让屋，可是无家可归怎么办？年羹尧顿生恻隐之心，就问买主是谁，老奶奶说是年遐龄。

年羹尧一听大喜，说："你不用担心，买主就是我父亲，容我回去想办法，一定给你个交代"。年羹尧于是带着老婆婆回家，告诉父亲，请父亲归还屋契。年遐龄面露难色，说："人家赌博为何要我家还债？"年羹尧从母亲那儿讨来屋契，一把火烧掉，叫老婆婆跪谢父亲后，就挥手叫老婆婆回家。年遐龄也无可奈何。

【原文】

> 欲除烦恼须无我，历尽艰难好作人。

【译注】

要无私无我，才能去除心中烦恼；要历经艰难险阻，才会懂得做人的道理。

此诗原为清代著名军事家、诗人彭玉麟所著。彭玉麟，字雪琴，祖籍衡阳，生于安徽安庆府。湘军首领，人称雪帅，与曾国藩、左宗棠并称大清三杰，中国近代海军奠基人。官至兵部尚书。军事之暇，绘画作诗，以画梅名世。他的诗后由俞樾结集付梓，题名《彭刚直诗集》，收录诗作500余首。

辑自《古黟楹联》。

【感悟】

俗话说，劝君莫烦恼，烦恼催人老。烦恼，人皆有之，但烦恼的内容则因人而异。追根究源，烦恼大都是从"我"字而来。"无我"则"无私"，心底无私天地宽，有何烦恼可言？所以"无我"是根除烦恼的良药，"欲除烦恼须无我"，实在是深谙哲理的人生经验之谈。在人生的航程中，不会永远一帆风顺。古人说："艰难困苦，玉汝于成。"要成大器，必须经过艰难困苦的磨炼。"历尽艰难好作人"已为大量事实所证明。

【故事链接】

明嘉靖万历年间歙县,许金善其父和伯父各出千金让许金善贩丝织品,乘船到海上诸岛,从事海上贸易。许金善不负众望,"赢得百倍",赚了很多钱,然而在一次乘船经过福建东南海中一个叫小浯屿岛的地方,被一伙强盗洗劫一空。许金善的伯父只得再次资助他千金钱财,不料这一次许金善在做生意期间又遇上灾年,当地许多百姓因饥饿而倒毙,许金善为救百姓将经商本金全部作为救灾款用了。于是,许金善的伯父只好第三次资助他千金钱财作为本钱。

【延伸阅读】

如皋县衙役王某,佚其名,任侠好义。清朝建立时,同县布衣百姓许德溥不肯剃发,刺臂誓死明志,清朝官府以"抗令"为理由将许德溥斩首示众,并将许德溥妻子发配边疆。

王某知道后,因敬仰许德溥的高义,就想解救许德溥妻子,可是却又没有办法,乃至终夜辗转反侧、唏嘘啜泣,不能成眠。他妻子很奇怪,问:"你为什么这么凄惶?"王某沉默不语。妻子再三追问,王某只得如实相告。

妻子说:"你敬仰许德溥的高义,想解救他的妻子,这是豪杰义举,只要能找到一个人代替许德溥妻子就成了。"王某说:"这是个办法,但是谁愿意代替呢?"妻子说:"我愿意代替许德溥妻子上路。"王某难以置信,向妻子跪下磕头致谢。然后告诉许德溥妻子,要她躲到娘家,而王某夫妇随即上路。每当经过郡县驿舍遇到官府查验时,王某押着妻子就像官差押着罪犯一样。

王某夫妇长途跋涉数千里到达流放地,在那里备尝艰苦,却以苦为乐。后来,如皋县百姓为之感动,自发集资赎回两人,使夫妇俩得以回乡安度晚年。

【原文】

> 克己最严,须从难处去克;为善以恒,勿以小而不为。

【译注】

克制自己的私欲,严格要求自己虽然很难,但却是每一个成功者必须具备的道德品质；做一件好事并不难，而要一辈子努力做好事就十分难能可贵，所以要谨记：不要认为好事微不足道，就不愿意去做。

辑自黟县宏村"乐叙堂"中的一副楹联。

【感悟】

"勿以善小而不为，勿以恶小而为之。"善行点亮希望，能够让生命焕发力量。世界多一份善行，就多一分希望。而善行给予苦难者的希望不会轻易被摧毁，因为光明的希望带来人们自我的觉醒。当举手之劳就能帮助别人时，请不要吝啬伸出援手，或许我们的举手之劳能给别人带来温暖和源源的生命力。

【故事链接】

清代婺源俞钧，从小就受到"终生行善"的教育，刚成年就带着筹集来的资金去广东经商。路上同船有位客商遗失了做生意的本钱，急得号啕大哭，并欲跳江自尽，俞钧好言劝慰的同时，悄悄将自己的银子塞到其床下说："你丢的钱不是还在这里吗？"那位丢失银子的客商一阵惊喜，但仔细一看，发现不是自己的银子。俞钧说："如果不是你的，那可能是刚才下船的人拿错了。"这位客商信以为真，只好将银子放进自己包中，虽然没找到自己的银子，但总算没什么损失。后来船上的几个小偷因为分赃不均而斗殴，丢失银子的客商这才明白真相，原来是俞钧帮助了自己，急忙四下寻找俞钧。然而，俞钧已经中途下船不知去向了。一年后，丢失银子的客商才终于找到俞钧，跪地感谢。从此，徽州商人心地善良、乐于助人的美名便在广东一带广为流传。

【延伸阅读】

一天，一个小孩光着脚徘徊在一家鞋店门口。有位中年妇女经过，觉得很好奇，就开口问小孩在这里看什么，小孩轻声地回答说，他在等待上帝送给他一双鞋子。妇女听后一阵心酸，就领着小孩进入鞋店，请店员先给这名小孩半打的袜子和一双鞋子，再请店员给一桶干净的水和一条毛巾，这位妇女先帮小孩擦洗小脚，然后帮他穿上鞋子，并和蔼地告诉小孩："你现在可以拥有一双属于自己的鞋了"。当中年妇女要转身离去时，小孩拉住她的手，含泪望着她说："您是上帝派来的吗？"

后 记

要想学习经营商业，先得学习为人处世之道，学习如何立身处世，这是值得人们借鉴的徽商成功经验。徽商的思想睿智、深刻，可以让我们去深思领悟做人的真谛；徽商的精神令人感佩，每句睿智的言语都给我们带来许多启发；徽商的故事耐人寻味，每段真实的故事都给我们带来人生教诲。徽商的言论和故事很多，无不体现了他们积极进取、百折不挠的创业精神和可贵品质。徽商的智慧不仅对于现代经商具有启发意义，对于为人处世也是不可多得的思想资源和精神财富。

本书的编写和出版得到了安徽人民出版社的大力支持和信任，在此，向安徽人民出版社的领导和编辑老师们致以深深的谢意，感谢他们为本书的出版所付出的辛勤劳动！由于水平所限，加之时间仓促，本书难免存在一些不足和缺陷之处，恳请读者朋友不吝指正。

本书的编写参考了以下研究成果：《明清徽商资料选编》(张海鹏、王廷元主编)、《徽商的智慧》(林左辉著)、《中国商道：晋商徽商浙商货通天下商经》(宁一编著)，《徽商研究》(张海鹏、王廷元主编)，《魅力徽商》(郑佳节、高岭编著)，《话说徽商》(李琳琦 主编)以及相关论文，等等。在此，向这些著作的作者们致以谢意。

本书一、二、三部分由王光辉编写，四、五部分由金玉编写。

作 者
2013 年 1 月